보훈과
건강

보훈과 건강

보훈교육연구원 기획
정태영 박명배 신은규 서경화 한진옥 지음

도서출판 모시는사람들

서문

보훈, 우리 모두의 것이기 위하여

보훈은 대한민국의 독립, 호국, 민주를 위한 희생과 공헌에 대한 국가적 차원의 보답이자 그 정신을 선양하는 행위이다.(「국가보훈기본법」 제1조, 제3조) 보답과 선양으로 국민통합과 국가 발전에 기여한다는 것이 보훈의 기본 이념이자 근본 목적이다.(제2조) 국가를 위한 '희생'과 '공헌'에 대한 '보답', 정신의 '선양', 그로 인한 '국민통합'이 보훈을 이해하는 열쇳말인 셈이다.

이때 국민통합은 모든 국민이 동일한 의견을 지니고 획일적으로 행동한다는 뜻이 아니다. 한국 보훈의 역사에서 희생과 공헌에 대한 기억과 그것이 파생시키는 의미들의 층위는 다양하고 스펙트럼도 넓다. 국민 모두가 보훈에 대한 단일한 생각을 가지고 있지도 않다. 이런 상황에서 특정 태도나 이념을 일방적으로 주입하려다가 자칫 다른 생각과 갈등하며 충돌하게 될 수도 있다. 보훈이 자칫하면 사회 갈등의 계기가 될 수도 있다는 말이다.

가령 일제강점기 '항일' 독립 운동가들을 국가유공자로 예우하는 행위의 이면에는 '친일' 세력은 청산되어야 한다는 요청이 들어있지만, 친일이 불가피한 현실이라 생각하며 살아온 이들을 중심으로 친일도 한국 역사의 일부가 되었다. 해방 이후에도 이 문제를 제대로 청산하지 못하면서 이는 여전히 사회적 갈등의 한 원인으로 작용하기도 한다.

한국인의 '호국' 이념에는 북한 및 공산주의를 적대하며 전쟁까지 했던 경험이 녹아있어서, 호국주의자들에게 북한을 포용하려는 자세는 위험스러운 이적행위처럼 여겨지곤 한다. 그렇다고 해서 좁은 의미의 호국주의에 머물면 그 역시도 사회 갈등을 야기하고 국민통합을 저해하는 요인이 될 수 있다.

'민주'도 독재라는 대항세력을 전제하지만, 민주든 독재든 모두 한국인이 한국의 역사 안에서 경험해온 일일뿐더러, 나아가 민주에 대한 이해조차 진보냐 보수냐에 따라 다를 때가 많다. 그러다보니 같은 민주의 이름으로 '민주공화주의'와 '자유민주주의'가 부딪히기도 한다. 독립, 호국, 민주에 대한 자기중심적 목적과 정치적 작동방식 등이 복잡하게 얽혀있거나 때로는 충돌하면서 국민통합이라는 보훈의 이념과 목적을 어려운 과제로 만들곤 하는 것이다.

그동안 보훈과 관련한 이러한 심층적 문제의식이 공론의 장으로 충분히 나오지 못했다. 국가가 독립, 호국, 민주의 정신과 가치를 주도적으로 계승하면서도 마치 이들이 별개의 것인 냥 따로따로 교육하고 선양하는 경향이 컸다. 이들을 유기적으로 연계시키기 위한 노력은 상대적으로 적었다. 그러다보니 국민은 국민대로 보훈이 국민통합에 기여한다는 생각을 할 수 있는 기회를 제대로 갖지 못했다. 보훈 정책 및 보훈의 문화화에 책임이 있는 이들이 보훈에 얽힌 심층적 문제의식을 더 분명히 가지면서, 보훈이 국민 속으로 들어가도록 해야 할 뿐만 아니라, 국민이 보훈에 대해 자발적이고 긍정적으로 생각할 수 있도록 더 많은 기회를 만들어내야 하는 것이다.

제일 좋기로는 보훈에 대한 국가와 국민의 생각 간에 공감대를 확대시키는 것이다. 그러려면 국민이 보훈의 진정한 통합적 가치에 대해 생각할 수 있는 기회를 자주 만들어야 한다. 그리고 국가는 국민의 생각을 존중하고 다양한 생각을 조화시키며 적절히 포용해야 한다. 국가는 독립, 호국, 민주라는 가치의 유기적 관계성을 설득력 있게 정책에 담아내고 보훈 연구자들은 따뜻한 철학으로 이를 뒷받침해야 한다. 특정 정권이나 이념을 위해서가 아니라, 공정한 사회의 건설과 건전한 국민통합을 위해서이다.

물론 정부(국가보훈처)에서는 오랫동안 이와 관련한 다양한 정책을 펼쳐왔다. 가령 오랜 군복무로 국가안보에 기여한 제대군인에 대한 지원을 강화하고, 다양한 보훈대상자들이 어디서든 불편 없이 진료 받을 수 있도록 한국보훈복지의료공단 산하 보훈 종합병원들과 연계하는 '위탁병원'을 지역 곳곳에 확대하고 있다. 국가유공자와 보훈보상대상자를 위한 복지와 의료 정책에 인공지능과 빅데이터를 활용하기도 한다.

그러면서 보훈의 방향을 순국선열, 애국지사, 전몰군경, 전상군경 등 전통적인 국가유공자들을 예우하되(「국가유공자예우등에 관한법률」 제4조), 민주유공자와 사회공헌자는 물론 '국가사회발전특별공로자'와 같은, 시민의 일상생활에 좀 더 어울리는 유공자들을 적극 발굴하겠다는 의지를 표명하기도 한다. 이 모두 보훈대상자들을 연결고리로 국가와 국민을 연결시키겠다는 문제의식의 발로라고 할 수 있다. 현 정부에서 "든든한 보훈"을 슬로

건으로 내걸고 있는 이유이다.

"따뜻한 보훈"을 모토로 한 적도 있다. 현장과 사람 중심의 보훈을 기반으로 국민과 함께 미래를 여는 정책을 펼치겠다는 것이었다. 모두 적절한 슬로건과 모토이다. 어떤 슬로건이든 국가유공자-국민-국가가 서로 연결되고 순환하는 체계를 만들어나가겠다는 취지에서 서로 통한다. 어떻게 하든 희생과 아픔에 대한 인간의 원천적 공감력에 호소하면서 국민 혹은 시민사회가 보훈을 자신의 과제로 삼을 수 있는 바탕을 다져가는 일이 중요하다.

가장 기본적인 것은 어떤 종류의 것이든 희생이 더 이상 나오지 않는 사회를 만들어가는 일이다. 만일 국가와 사회를 위한 능동적 희생자가 발생하는 경우에는 국가와 국민이 더 보답하고 계속 기억할 수 있는 문화를 조성해가는 일이다. 그러려면 보훈이 흔히 상상할 수 있는 전쟁 중심의 이미지에 머물지 말고, 국민 한 사람 한 사람의 일상적 정서에 와 닿을 평화 지향의 보훈으로 계속 전환해가야 한다. 국경 중심의 근대민족국가의 범주에 갇히지 말고 보훈의 이름으로 인간의 아픔에 공감할 줄 아는 보편적 인류애에 호소하며 그 범주를 넓혀가야 한다. 그렇게 세계가 축복할 수 있을 보훈 정책의 모델을 한반도에서 만들어내야 한다.

그동안 보훈 관련 각종 정책 보고서는 제법 많았다. 그러나 대부분 일반인의 손에는 닿을 수 없는 전문가의 책상과 행정부서 깊은 곳에 머물렀다. 보훈의 역사, 이념, 의미, 내용 등을 국민적 눈높이에서 정리한 대중적 단행본은 극소수였다.

이러한 현실을 의식하며 보훈교육연구원에서 일반 국민이 쉽게 접근할 수 있도록 대중적 차원의 「보훈 문화총서」를 기획하고 지속적으로 출판하고 있다. 국가와 국민 사이에 보훈에 대한 공감대를 만들고 넓히기 위한 기초를 다지는 일이라고 할 수 있다. 더 많은 이들이 이 총서를 읽고 보훈이 우리 모두와 연결된, 우리 모두의 것이라는 의식이 더 확대되면 좋겠다. 총서가 보훈을 무덤덤한 '그들'만의 이야기가 아니라 '우리'의 따듯한 이야기로 이끄는 계기가 되면 좋겠다. 보훈도 결국 인간의 아픔과 아픔에 대한 공감의 문제라는 사실을 인식하면서 인간의 얼굴을 한 따뜻하고 든든한 보훈 문화가 형성되어 가면 좋겠다.

보훈교육연구원장 이 찬 수

차례

보훈과 건강

보훈의료와 디지털 헬스 동향

정태영_ 보훈교육연구원

1. 여는 글

2020년 들어 코로나바이러스감염증19(이하 '코로나19')가 전 세계에 유행하기 시작했다. 코로나19와 사투를 벌이는 와중에 다시는 코로나19 이전의 세상으로 돌아가지 못할 것이라는 방역당국의 일침도 있었다. 당연하게 여겨졌던 사람들의 모든 순간순간의 일상이 코로나19라는 길고 어두운 터널의 한복판에 놓여 까마득하게 먼 옛날의 막연한 기억 한 조각처럼 아스라한 추억이 되고 있다. 코로나19와 사투를 벌이는 의료진과 환자, 그리고 코로나19의 감염으로부터 스스로를 보호하고자 하는 일반인까지 모든 사람에게 이제 마스크가 신체의 한 부분이 된 것 같은 착각을 일으킬 지경이다.

코로나19는 다양한 신조어를 쏟아내며 우리 사회와 떼려야 뗄 수 없는 공통분모가 되었다. 코로나19로 인한 경기 침체를 의미하는 코로노미(Corona + Economy), 코로나와 우울증의 합성어인 코로나블루(Corona + Blue), 코로나와 이혼의 합성어인 코비디보스(COVID + Divorce), 코로나와 종말이 덧붙은 코로나포칼립스(Corona + Apocalypse) 등의 신조어가 그중 일부이다.

하지만 코로나19의 유행 직전 상황으로 거슬러 올라가면 긍정적인 신호 하나를 찾을 수 있다. 바로 2019년 12월 31일 캐나다의 인공지능 플랫폼 스타트업인 블루닷(BlueDot)*이 코로나19의 유행을 가장 먼저 예측했다는 세계 주요 외신 보도 이후, 빅데이터(big data)와 이를 활용한 디지털 헬스(Digital Health)에 대한 관심도 고조되고 있다는 것이다. 그도 그럴 것이 전 세계적으로 보건의료 분야에서 가장 공신력 있는 기관인 세계보건기구(World Health Organization, 이하 WHO)는 2020년 1월 9일, 그리고 미국 질병통제예방센터(CDC)는 2020년 1월 16일에야 각각 코로나19의 유행을 경고했기 때문이다.

코로나19 유행 상황에서 비대면(un-tact) 진료 등 디지털 헬스

---

* 캐나다 토론토대학교의 의대교수인 캄란 칸(Kamran Khan) 박사가 설립(2008), 의료 전문지식과 고급 데이터 분석 기술 및 인공지능(AI) 기술을 결합해 감염병의 유행을 예측하는 솔루션을 제공하는 회사

의 적용은 의료 서비스의 접근성 확대 측면에서 매우 중요한 의미가 있으며, 일반 의료 체계뿐만 아니라 보훈의료 체계에서도 관심의 대상이 되고 있다. 보훈대상자들은 일반인에 비해 고령의 복합만성질환을 앓고 있는 노인이 많아 의료 이용에 있어서 접근성이 매우 중요한 요소가 되기 때문이다

그럼에도 여전히 일반인들에게 디지털 헬스라는 개념은 낯설다. 하지만 디지털 헬스가 건강관리에 어떻게 활용되고 있는지 그리고 앞으로 어떻게 활용될 수 있을지 궁금하기도 하다.

이 글에서는 디지털 헬스가 무슨 의미인지 그리고 어떻게 활용되고 있는지를 먼저 알아볼 것이다. 그리고 이를 토대로 디지털 헬스가 보훈대상자를 위한 건강관리와 보훈의료 영역에서 향후 어떠한 정책적 과제를 안고 있는지도 살펴보고자 한다.

2. 디지털 헬스 알아보기

1) 개념과 특성

디지털 헬스는 그 적용 범위가 매우 넓고 아직 명확하게 개념

이 정립된 상황이 아니다. 아래처럼 다양하게 규정되고도 있으나 여전히 일반인들이 이해하기 어려운 개념이다.

〈 디지털 헬스에 대한 다양한 정의 〉

① 이헬스(e-health)에 기반을 두고 보건과 보건 관련 부문을 지원하는 IT 기술의 활용(WHO, 2019)*

② 모바일 헬스(mHealth), 보건정보기술(Health Information Technology, HIT), 웨어러블 기기(Wearable Devices), 원격의료(telehealth) 및 원격진료(telemedicine) 그리고 맞춤의료(personalized medicine) 등의 범주를 포괄하는 광범위한 개념(FDA, 2020)**

③ 유전체학(genomics), AI, 분석학, 웨어러블, 모바일 애플리케이션 및 원격진료를 포함한 광범위한 과학적 개념과 기술 세트(Mathews 등, 2019)***

---

* World Health Organization. recommendations on digital interventions for health system strengthening. 2019.

** https://www.fda.gov/medical-devices/digital-health-center-excellence/what-digital-health

*** Mathews, S.C., McShea, M.J., Hanley, C.L. et al. Digital health: a path to validation. npj Digit. Med. 2, 38 (2019). https://doi.org/10.1038/s41746-019-

④ 건강, 보건의료, 생활 및 사회가 포함된 유전체(Genome) 혁명과 디지털 혁명이 융합된 형태(Paul Sonnier, 2016)*

⑤ 디지털 헬스는 포괄적 용어(umbrella term)이며, 유전체학, 빅데이터, 웨어러블, 모바일 기기 및 AI 등 새로운 디지털 기술과 의료기술을 활용한 헬스 영역(Shin, 2019)**

위의 정의들을 종합해 일반인들이 잘 이해할 수 있도록 재정의하자면, 디지털 헬스는 보건의료와 정보통신기술(ICT)이 융합된 분야라고 할 수 있다. 4차 산업 관점에서 보면, 디지털 헬스란 보건의료 부문에서 디지털 전환(digital transformation)이 가속화되는 현상을 포괄하는 분야이다. 4차 산업이란 2016년 세계경제포럼(Davos Forum)에서 처음 언급되었으며, ICBMA(IoT, Cloud, Big data, Mobile, AI) 기반의 신산업 시대를 의미한다.

디지털 헬스의 변천 과정을 살펴보면 더욱 효과적으로 디지털

0111-3.

* Sonnier, P. (2016). Definition digital health. Paul Sonnier-Story of Digital Health.

** Shin SY. Current status and future direction of digital health in Korea. Korean J Physiol Pharmacol 2019;5(5): 311-315.

헬스를 이해하는 데 도움이 된다. 디지털 헬스는 시대적 흐름에 따라 〈표 1〉의 모습으로 변모 중이다. 초기 원내 치료에서 활용되던 텔레헬스와 건강기록을 모니터링하던 기존 유헬스에서 더 나아간 개념으로, 미래의 의료 패러다임인 4P*를 반영하면서, 시간과 공간의 제약을 벗어나 치료·예방·복지·안전을 아우르는 개인 맞춤형 건강기록 헬스서비스를 지향하는 과정이다.

〈표 1〉 국내 디지털 헬스 케어 관련 개념의 변화

구분	Tele-헬스	e-헬스	u-헬스	디지털 헬스
서비스 내용	원내 치료	치료 및 정보제공	치료 /예방 관리	치료/예방 /복지/안전
주 Player	병원	병원	병원, ICT 기업	병원, ICT 기업, 보험사, 서비스기업 등
주 이용자	의료인	의료인, 환자	의료인, 환자, 일반인	의료인, 환자, 일반인
주요 시스템	병원운영 (HIS, PACS)	의무기록(EMR) 웹사이트	건강기록(EHR) 모니터링	개인건강기록 기반 맞춤형 서비스

출처: 산업통상자원부(2015), 스마트 헬스케어산업 활성화 방안, 자료 재가공

디지털 헬스는 사람의 생체신호를 측정하고 개인 건강기기(PHD, Personal Health Device), 개인 건강앱(PHA, Personal Health

---

* Personalized(개인화), Predictive(예측), Preventive(예방), Participatory(참여)

Application), 개인 건강정보(PHI, Personal Health Information) 플랫폼을 활용함으로써, 개인에게 건강관리와 맞춤형 의료 서비스를 제공하는 형태로 구성된다. 그림으로 보면 더욱 쉽게 이해할 수 있다.

〈그림 1〉 디지털 헬스 서비스 구조*

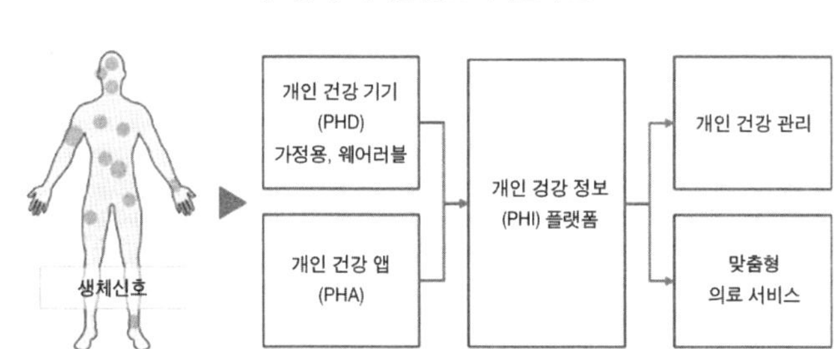

다음으로 살펴볼 것은 디지털 헬스의 특성이다.

첫째, 높은 성장 잠재력이다. 인구 고령화와 만성질환의 증가 등 보건의료 수요의 증가에 힘입어 디지털 헬스 영역도 지속적으로 성장할 것으로 예상된다. 전문 리서치회사인 마켓스앤마

* 정태영(2020), 『포스트 코로나 시대와 디지털 헬스 동향, 보훈정책브리프, Vol. 1』, 한국보훈복지의료공단 보훈교육연구원.

켓스(MnM)에 따르면, 전 세계 디지털 헬스 시장 규모는 2018년 1,697억 달러에서 연평균 15.5%씩 성장해 2024년에는 3,920억 달러를 기록할 전망이다.

둘째, 큰 경제적 파급 효과이다. 디지털 헬스 연관 산업의 고용유발계수*는 9.52로 산업 전체 평균 6.91을 크게 상회하고, 부가가치유발계수** 또한 0.80으로 산업전체 평균 0.78보다 높아 타 산업 부문을 견인하며, 경제와 고용 측면에서 기여도가 높은 분야이다.

셋째, 융복합성이다. 디지털 헬스의 주요 응용 분야는 질병 진단 또는 치료 및 예방을 위한 제품(Digital Medical Devices), 치료 분야에서 특정한 임상적 결과를 달성하기 위한 소프트웨어 제품(Digital Therapies), 소비자용으로 개발된 생체 신호 측정 장비(Wearable), 원거리에서 제공되는 헬스케어 서비스(Telemedicine), 다양한 종류의 의료 데이터의 결합 및 분석(Analysis & Big Data) 등 범위가 넓다(박길하, 20179). 이는 의료 서

* 특정한 산업에 대한 최종 수요가 10억 원이 발생할 때 해당 산업을 포함한 모든 산업에서 직간접적으로 유발되는 취업자의 수.

** 최종 수요가 한 단위 발생할 경우 경제 전체에서 직·간접으로 유발되는 부가 가치를 나타내는 계수. 부가 가치 유발액을 최종 수요로 나눈 것.

비스뿐만 아니라 의약품, 의료기기, 식품 등 인접 분야와 다양하게 결합하여 새로운 부가가치를 창출한다.

2) 주요 국내외 동향

이 절에서는 디지털 헬스의 주요 동향을 살펴보고자 한다. 국내외를 막론하고 생체신호, 빅데이터, 인공지능, 로봇을 활용함으로써, 코로나19 예측, 모니터링, 복약순응, 진단, 원격진료 등 분야에서 디지털 헬스가 광범위하게 적용되고 있다. 특히 국내보다 규제로부터 비교적 자유로운 국외에서 더 다양한 제품과 서비스가 개발되고 있다(〈표 2〉).

〈표 2〉 국내·외 주요 디지털 헬스 사례

구분	사 례
국외	**1. PhoneDOCTORx**
	양로원, 실버타운 등에 거주하는 노인층 경증 환자를 대상으로 하는 원격진료로, 전문 의료팀이 가족상담, 직원교육, 임상 및 영상 검사 분석, 간이 약물처방 등의 서비스를 제공함. 50%의 응급환자 감소 효과
	2. 스타트업인 에비데이션헬스(Evidation Health) 社
	미 보건부(HHS)와 공동으로 코로나19 조기발견을 위한 알고리즘 개발에 데이터 헬스를 활용 웨어러블 기기를 활용해 코로나19 감염 위험에 노출된 300여 명의 환자를 대상으로 한 생체 데이터 및 환자가 보고한 자가증상(self-reported) 데이터를 분석

국외	**3. 구글(Google): 스마트 콘텍트렌즈 (Smart Contact Lens)**
	두 겹의 렌즈 사이에 극소형화 된 혈당 측정 센서와 무선 칩을 장착해서 소량의 눈물로 혈당을 실시간으로 측정
	4. 노스큐브(Northcube): 슬립싸이클알람시계 (Sleep Cycle alarm clock)
	수면 시 침대에 스마트폰을 올려두어, 사용자의 뒤척임을 침대의 흔들거림을 통해 스마트폰 가속도계와 마이크를 이용하여 모니터링
	5. 메디세이프(Medisafe)
	약물 복용 시간이 되면 약물의 모양과 수량을 안내함. 환자가 약물을 복용하지 않을 경우 보호자에게 연락하여 복약순응도(Medication Adherence)를 향상
	6. 바이털리티(Vitality): 글로우캡(GlowCap)
	약병 뚜껑에 센서를 부착하여 복용시간이 되면 소리와 불빛으로 알려주며, 복약 여부를 네트워크를 통해 환자, 보호자, 주치의에게 전송
	7. 헬스업(HelthUp): 마이스피루(MySpiroo)
	폐활량계를 스마폰에 연결하여, GPS 위치 정보 사용해 환자에게 천식을 주로 유발하는 장소를 알려줌
	8. 미모(Mimo) 사의 스마트베이비(Smart Baby) 모니터
	아기의 자세와 체온, 호흡, 음성, 수면여부 등 다양한 정보가 부모에게 스마트폰으로 전송
국내	**1. 인바디(Inbody)**
	체성분 분석 기기인 다양한 인바디 기기를 통해 사용자의 체성분을 분석하고 변화를 그래프로 보여줌, 타 사용자들과의 챌린지와 커뮤니티를 통한 게임화(Gamification)된 건강관리 서비스를 제공
	2. 웰트(Welt) : 스마트벨트
	허리에 착용하여 허리둘레, 앉아 있는 시간, 소모 칼로리, 과식 여부를 감지하고, 체중 관리 알람을 제공하는 웨어러블 기기

출처: 정태영(2020), 「포스트 코로나 시대와 디지털 헬스 동향」, 『보훈정책브리프』 Vol.1, 한국보훈복지의료공단 보훈교육연구원. 재구성

몇 가지 주요 사례를 좀 더 구체적으로 살펴보겠다. 영국의 국가보건서비스(NHS)는 HP사와 협력하여 웨어러블 센서와 사물

인터넷 기기를 활용하는 디지털 당뇨 코치 사업을 추진하고 있다. 2022년까지 약 1조 개의 센서가 인터넷에 연결되어 시간과 공간을 초월한 개인 맞춤형 건강 모니터링 보건의료 서비스를 제공할 계획이다.

국내는 삼성서울병원의 개인건강기록(Personal Health Record, PHR) 앱이 대표적이다. PHR 앱은 예약, 의료진 찾기, 대기 현황, 실시간 처방약 조제 현황, 주차등록, 결제 등 환자들의 병원 이용을 편리하게 지원하는 앱으로 환자들의 만족도가 높으며, 특히 대기시간 단축 등으로 병원 경영의 효율성도 제고하고 있다. 또한 스마트 설명 서비스를 통해 언제 어디서나 진료, 검사, 영양, 운동 설명, 처방 관련 정보를 스마트폰으로 전송함으로써, 환자와 보호자의 건강관리를 도와준다. 비슷한 사례로 서울대병원의 myCARE라는 PHR 앱도 있다. 주요 기능은 진료 이력과 진단 검사 결과, 처방, 예방접종, 건강관리(운동, 체중, 혈압, 혈당) 등으로 구분되어 있으며, 서울대병원의 병원정보시스템(HIS)과 연계하여 환자들의 진료와 건강 회복을 지원한다.

또 다른 사례인 ㈜와이브레인의 MINDD STIMM은 경두개 전기자극술을 상용화한 의료기기이다. 이 제품은 미세 전류 기반의 뇌신경 조절을 기반으로 우울증과 같은 정신질환을 개선할 수 있으며, 병원 중심의 가정 연계 치료를 추구하는 디지털 헬스케어 의료기기이다. 이는 병원 의사의 지도하에 자극 모듈 내에 설정을 하고 병원 내에서 사용하는 것은 물론 병원을 방문하기 어려운 환자들은 의사의 지도하에 가정에서 자극 모듈을 대여하여 사용할 수도 있다. 병원에서는 가정에서 사용된 기기를 회수할 때 기기 사용 이력을 확인할 수 있어 환자가 대여한 기기를 잘 사용하는지 순응도 관리를 할 수 있다. 우울증 치료에 이용한 결과 약 33%의 재입원을 감소시킨 효과가 있는 것으로 나타났다.

다음은 충청남도체육회에서 주관하는 '걷쥬' 앱이다. 이 앱은 스마트폰을 활용한 생활체육 서비스를 제공한다. 일상 속에서 쉽게 실천할 수 있는 걷기 운동과 정보통신기술(ICT)을 접목한 앱으로 '2021년 5월 기준 이용자는 10만 명이 넘었다. 이용자들은 '걷쥬' 앱에서 제공하는 각종 챌린지에 도전할 수 있으며, 성공할 경우 이를 포인트로 환산하여 적립할 수 있고 현금처럼 사용할 수 있어서 걷기를 장려한다. 걷기 운동은 우울증 완화, 심장병 예방, 다이어트 등 이용자들의 건강 증진에 도움을 주는데, 앱 참가자의 총 걸음 수는 지구 532바퀴(2131만 4946㎞)를 돈 것에 해당하는 304억 5000만 걸음에 달한다. 또한 탄소 중립 효과 측면에서 보면 298만 4000㎏의 탄소를 줄인 것으로 나타나, 건강

뿐 아니라 공익적으로도 큰 효과가 있다.

마지막으로 의사가 직접 개발한 웰트(Welt)는 허리에 차는 스마트벨트로 스마트폰과 연동하여 허리둘레, 앉아 있는 시간, 과식 여부 등을 감지하고 체중 관리 알람을 제공해 주는 웨어러블 기기이다. 1회 완충 시 45일 사용 가능하며, 1시간이면 충전이 완료되어 사용에도 불편함이 없다. 특히, 최근에는 낙상 방지 알고리즘 적용하여 낙상의 위험을 감시하고 알려줘서 예방하는 기능을 추가하였다. 낙상 사고가 자주 일어나는 고령층이 많은 보훈 대상자들에게 상당히 획기적인 디지털 헬스 사례 중 하나이다.

3. 보훈의료와 디지털헬스의 적용

1) 국내외 주요 동향

먼저 세계에서 가장 포괄적이고 다양한 제대군인 지원제도를 갖추고 있는 미국을 살펴보도록 하겠다. 미국에서는 1990년대부터 원격의료가 본격적으로 활성화되기 시작하였다. 넓은 면적으로 인하여 지역별로 의료 수준이 차이가 클 뿐 아니라 의료 접근성에도 문제가 있었기 때문에 이를 해결하기 위한 방법의 하나로 원격의료의 필요성이 제기된 것이다.

1993년 미국원격의료협회(American Telemedicine Association, ATA)가 설립되면서 본격화되기 미국의 원격의료는 1993년 미국원격의료협회(American Telemedicine Association, ATA)가 설립되면서 본격화되기 시작하였다. 미국의 경우 주 별로 원격의료에 대한 법령이 다르므로 원격의료 정의, 자격요건, 의료사고 발생시 손해배상 책임 여부, 보험 적용 여부 등이 주마다 상이하고 복잡하다. ATA가 주 정부별로 다르게 나타나는 원격의료 정책 현황을 정리하여 발표할 정도이다.* 이후 2018년 5월 연방정부의 원격의료 관련 새로운 규정이 마련되었으며, 보훈부(Department of Veterans Affairs, VA)에서는 'Anywhere to Anywhere(어디에서든지)' 이니셔티브를 수립함으로써 미 전역의 보훈대상자들을 대상으로 하는 원격의료를 통한 치료 기회를 확대하였다(VA, 2018).**

---

* 김진숙 · 오수현 · 최재욱 · 김석영(2015),「미국 원격의료 주별 정책 현황과 한국에의 시사점」,『HEALTHCARE POLICY』, J Korean Med Assoc, 58(10): 923-932.

** U.S. Department of Veterans Affairs(2018). "VA expands telehealth by

2016년 7월 VA는 보훈보건청(Veteran Health Administration, VHA) 관할 하에 연계진료소(Office of Connected Care, OCC)를 두고 VA Telehealth Services, My HelatheVet, VHA Innovation Program, VA Mobile Health 등 네 가지 원격의료 프로그램을 제공하고 있다(Elliott, 2019).* 일례로 VA 피닉스 메디컬 센터(VA Phoenix Medical Center)는 최근 VA Video Connect를 활용하여 환자가 손쉽게 재활운동을 할 수 있도록 슬관절전치술(total knee replacements) 이후 관리를 지원하는 텔레헬스 PT(physical therapy)를 제공하고 있다.**

현재 미국의 경우 원격의료에 대한 금지조항이 없으며, VA의 영상 의료상담 서비스 이용자는 코로나19 이전 주당 10,000명에서 유행 이후 주당 120,000명으로 급증한 상황이다(Duncan

---

allowing health care providers to treat patients across state lines". https://www.va.gov/opa/pressrel/pressrelease.cfm?id=4054.

* Elliott. V. L., (2019). Department of Veteran Affairs(VA): a primer on telehealth.

** U.S. Department of Veterans Affairs(2021). "Telehealth speeds access to physical therapy". https://blogs.va.gov/VAntage/89900/telehealth-speeds-access-physical-therapy.

Stewart et al., 2002).* VA는 또한 코로나 팬데믹 상황에서 의료진과 환자 모두의 안전에 필수적인 개인보호장비(personal protective equipment, PPE)의 사용법을 웹 기반 VR(가상현실)을 활용하여 양방향으로 안전 교육을 제공하는 등 디지털 헬스의 저변을 확대하고 있다.**

한편 VA는 2018년부터 2028년까지 국방부 의료정보 시스템과 상호호환이 가능한 EHR(Electronic Health Record)을 구축함으로써 보훈대상자(Veterans)의 병력 관련 자료를 공유하고 미 전역에서 언제 어디서나 의료 서비스를 제공할 계획이다(VA, 2020).***

우리나라의 보훈의료 서비스는 한국보훈복지의료공단(이하 "보훈공단") 산하의 6개 보훈병원과 전국 각지에 소재한 위탁병원 421개소(2021년 5월 기준)에서 제공되고 있다. 보훈공단은 보훈의료 품질 혁신 및 공공성 강화와 4차 산업혁명 시대 대비 핵심 역

---

* Duncan Stewart et al.(2020), Video visits go viral: COVID-19 sparks growth in video doctor's visits, Deloitte Insights, 1-14, Delloitte Korea.

** U.S. Department of Veterans Affairs(2020), Veterans Health Administration (VHA) Coronavirus Disease 2019 (COVID 19) Response Report.

*** U.S. Department of Veterans Affairs,2020, Electronic health record modernization.

량 확보 등을 주요 전략 방향으로 설정하고, 그 일환으로 디지털 헬스 혁신을 도모하고 있다.

먼저, 2017년 사물인터넷(IoT) 기술을 활용한 낙상예방 감지 솔루션을 도입함으로써, '치매환자 안심 알림이 서비스'와 '낙상 관리 시스템'을 적용하였다. 이 솔루션은 환자의 움직임을 다중 감지 시스템을 통해 인식함으로써, 낙상 위험을 사전에 예방함으로써, 간호인력의 업무를 경감하는 효과가 있다. 현재 12대를 운영하고 있으며, 향후 44대까지 추가 설치할 예정이다. 또한 중앙보훈병원은 2017년 12월 말 공공병원 중에서 최초로 IBM사의 인공지능 '왓슨 포 온콜로지(Watson for Oncology)'를 도입하여 인공지능 암 센터를 개소하기도 하였다(보훈공단 홈페이지).

지난 2020년 12월부터는 코로나19 대유행으로 인해 의료기관 방문을 기피하는 보훈대상자의 의료 공백을 메꾸고 원내 감염 방지를 위해 '디지털 주치의'라고 불리는 디지털 기반의 비대면 의료 서비스 도입을 추진하고 있다. 현재 보훈원 및 보훈복지타운 입주자를 대상으로 한 검사, 주사, 중증질환자 반복투약 등의 시범사업을 추진 중이다. 구체적인 제공 내용은 월 4회 전문의를 통한 건강상담, 설명제공, 약 처방 및 배송이다. 보훈공단은 이 사업의 효과를 분석하고 향후 건강 모니터링과 보훈 PHR(개인평

생건강관리) 시스템 등 차세대 사업과의 연계를 위한 기반을 마련할 계획이다. 한편, 보훈대상자가 다른 곳으로 이동하게 될 때 종이 없는(no paper) 디지털 의료 서비스 제공을 통해 환자의 보훈병원 이용 편의를 제고하는 방안도 추진되고 있다.

또한 2020년 7월 한국판 뉴딜정책과 연계한 '스마트 의료 및 돌봄 인프라 구축'의 일환으로 사용자 중심 개인 맞춤형 의료 정보 서비스를 제공할 수 있는 기반을 마련하기 위해 'My Healthway' 플랫폼 구축을 추진 중이며, 보훈병원 EMR과 연계한 시범사업을 추진할 예정이다. 이를 토대로 보훈대상자의 일상생활에서 측정·수집한 데이터를 토대로 맞춤형 건강관리 서비스를 제공함으로써, 의료비 절감을 꾀하고 전국 보훈병원 간 정보 연계를 통한 진료의 연속성을 강화함으로써, 한국판 뉴딜 정책 실현을 구체화할 계획이다.

병원 단위에서 살펴보면, 대구보훈병원은 2018년 7월부터 가상현실(Virtual Reality, VR)과 증강현실(Augumented Reality, AR) 등의 디지털 헬스 기술을 활용한 맞춤형 치매예방 프로그램을 실시하고 있다. 대전보훈병원에서는 코로나19 상황으로 인해 대면 진료가 어려워지자 비대면 진료 시스템 도입을 위해 스마트 헬스케어 60병상 구축을 추진할 계획이다.

위와 같은 다양한 디지털 헬스 사업 추진과 함께 보훈공단은 한국보훈복지의료공단법을 개정(2021.3.24.)함으로써 제24조의 2(자료의 제공 요청)에 따라 보훈대상자 의료정보의 제공을 요청할 수 있는 법적 근거를 마련하는 등 디지털 헬스의 도입과 확산을 위해 다각도에서 많은 노력을 기울이고 있다.

2) 디지털 전환(transformation)의 고려 사항

첫 번째 고려 사항은 디지털 헬스의 중요한 축인 '원격진료'의 허용 여부다. 현행 「의료법」 제17조 제1항에서는 의료업에 종사하고 직접 진찰하거나 검안한 의사, 치과의사, 한의사가 아니면 진단서·검안서·증명서를 작성하여 환자에게 교부하지 못한다고 규정되어 있다. 현행 「의료법」은 직접 진찰한 의료인이 아니면 환자에게 진단서 및 처방전을 교부할 수 없으며, 이를 위반하면 형사처벌은 물론 의사면허의 취소 사유가 된다. 또한 「의료법」 제17조 제1항의 '직접 진찰' 규정으로 인해 현재 원격진료는 위법이다.

하지만 정부는 2019년 7월 24일에 강원도를 디지털 헬스케어의 규제자유특구로 지정하여 교통이 불편한 산간지역 등(격오지)

에 거주하는 만성질환자(당뇨, 혈압) 중 주기적인 검진이 필요한 재진환자에 한하여 1차 의료기관에서도 원격으로 모니터링 및 내원안내, 상담·교육, 진단·처방을 할 수 있게 하였다.* 특히 보건복지부는 최근 코로나19 대유행에 따라 전화만으로 진단과 처방을 받는 원격의료를 2020년 2월 24일부터 한시적으로 허용하였다. 의사의 의료적 판단에 따라 전화 상담 또는 처방을 실시할 수 있고, 의료수가는 외래환자 진찰료로 산정하고 본인 부담금 수납은 의료기관과 환자가 협의하여 결정하며, 처방전은 환자가 지정하는 약국에 팩스 또는 이메일 등으로 발송하는 방식이다. 처방전이 약국에 도착하면 약사는 약을 조제하여 환자에게 유선 혹은 서면으로 복약지도를 하고, 환자와 협의하여 환자가 약을 어떻게 수령할지 결정한 후 그 방식대로 교부하기로 하였다(보건복지부 보도자료).** 2020년 2월 24일부터 한시적으로 허용한 전화상담과 처방 건수는 2020년 10월 25일 기준 94만7000건에 달하여 활용도가 높은 것으로 나타났다.*** 다만 해당 조치는 말 그

---

* 이주희(2020), 「디지털 헬스케어 시대의 원격진료 필요성에 관한 소고」, 『동아법학』, 88, 245-272쪽.

** 보건복지부 공고 제2020-889호(한시적 비대면 진료 허용방안, 2020.12.14).

*** 《메디게이트 뉴스》(2020.11.19.), "올해 한시적 전화처방 95만건… 정부, 비

대로 한시적인 허용에 불과하므로 향후 법개정이 요구된다.

다음으로 의료 서비스 제공자들의 디지털 헬스에 대한 인식도 중요한 고려 사항이다. 의사와 간호사 등은 디지털 헬스에 대한 신뢰성과 정확성, 보안 등에 대해 우려하고 있다. 문세연 등에 따르면 디지털 헬스 관련 프로그램을 의료현장에 적용할 때 오류나 의료사고가 생길 가능성(37.7%)을 가장 우려하는 것으로 나타났다. 특히 개인의 질병 등 보건의료 데이터는 가장 민감한 개인정보이며 기밀성이 중요한 만큼 보안 문제가 우려된다는 인식(28.3%)이 그 뒤를 따랐다. 직군별로 보면 간호군은 타 직군에 비해 과도한 비용투자(10.6%)에 대해 우려하였으며, 의사군은 기존 의료시장의 잠식 가능성(6.5%)에 대한 의견이 타 군에 비해 높게 나타났다.* 동시에 디지털 헬스가 의료의 질을 향상시킬 것이라고 생각(88.2%)하고 향후 이용할 의향이 있다(72.2%)는 응답에서 보듯이, 디지털 헬스에 대해 긍정적인 의견도 있었다. 따라서 우려 사항에 대해 기술적, 제도적 보완이 선행된다면 추후에 의료 현장에서도 다양한 방식으로 디지털 헬스가 활용될 수 있

대면경제 활성화 방안 '원격의료' 공식화"

* 문세연 등, 앞의 논문, 54-63쪽.

을 것이라고 예상된다.

다음으로 디지털 헬스 이용의 어려움은 디지털 헬스 도입과 확산에서 중요한 고려 사항이다. 디지털 리터러시(Literacy), 소위 디지털 문해력은 디지털 헬스의 적용과 확산을 위한 주요 열쇠이자 디지털 시대에 꼭 필요한 정보 이해력과 표현력이다. 디지털 기술의 발전은 수많은 건강정보에 대한 사람들의 접근성을 높여주었지만 그만큼 실시간 생산되고 공유 및 급속하게 확산되는 가짜 건강정보도 범람하게 되면서 디지털 리터러시는 의료 분야에서도 중요한 이슈가 되고 있다. 최근 연구를 보면 디지털 리터러시에 있어서 노인집단은 1.75점으로 비노인 집단의 3.73점에 비해 매우 낮은 수치를 보였다.* 건강정보의 탐색과 검증을 통한 올바른 건강정보 습득은 건강한 노화로 이어지는 중요한 이슈이다. 따라서 노인이 대다수인 보훈의료에서 디지털 리터러시는 유념해야 할 사안이며,** 향후 고령 보훈대상자들의 디지

* 안순태, 임유진, 정순둘(2021), 「건강정보검증에 대한 노인과 비노인 집단 비교:디지털리터러시와 건강임파워먼트를 중심으로」, 『한국노년학』, 41(3), 309-205쪽.

** Alsa, T., Willianson, K., & Mills, J. (2006), The role of information in successful aging: The case for a research focus on the oldest old. Library & Information Science Research, 28(1): 49-63.

털을 활용한 의료정보 접근과 올바른 지식 습득을 지원하는 방안이 마련될 필요가 있다.

4. 나오며

디지털 헬스는 그 개념을 정의하고 범위를 설정하기가 곤란할 정도로 급속하게 성장·변모하고 있는 영역이다. 높은 성장 잠재력, 경제와 고용 증대 면에서의 큰 기여도, 다양한 분야에서 적용되고 확산될 수 있는 융복합성 등의 특성이 있다. 동시에 '예방중심', '맞춤의학', '환자중심', '자가건강중심'이라는 의료 패러다임의 변화를 적용하고 확산시킬 수 있는 중요한 수단이기도 하다. 하지만 제도권의 규제와 의료 제공자 및 사용자들의 인식, 사생활 침해 등의 문제들은 여전히 디지털 헬스와 관련하여 많은 고민과 연구가 필요함을 역설하고 있다.

세계 각국에서도 의료 인력 및 자원 부족, 지속적으로 증가하는 국민의료비의 부담을 해결하는 열쇠로 디지털 헬스가 꼽히고 있는 상황이다. 보훈의료 영역은 보훈대상자의 고령화와 질병의 만성화에 따른 의료비 증가로 비용-효과적인 의료체계 구축과 의료 서비스의 질적 효율성 증가가 중요한 시점이다. 신용카드가 처음 세상에 등장했을 때 지폐 이용자들의 반발, 애플(Apple) 사에서 스마트폰이 출시되었을 때의 기존 핸드폰 이용자의 거부감과 같은 성장통은 시대적 전환기마다 늘 있어 왔다. 디지털 전환은 거스를 수 없는 4차 산업의 거대한 메가트렌드(Mega-trend)라고 할 수 있다. 명과 암이 공존하는 만큼 디지털 헬스를 현명하게 도입하고 슬기롭게 활용할 수 있는 방안을 지속적으로 모색해야 할 시점이다.

보훈대상자의 「건강권」 실현을 위한 건강증진 프로그램의 필요성

박명배_ 배재대학교

1. 들어가는 글

1) 건강권이란?

건강은 누구나 누려야 할 권리이며, 누구나 누리고 싶어 하는 선망의 상태이기도 하다. 전 세계의 모든 인류에게는 건강해질 권리가 있으며, 인종, 민족, 사회경제적 지위에 따라 차별받지 않고 이 권리를 누릴 수 있다. 우리는 이 권리를 건강권(right to health)이라 부른다. 1946년 세계보건기구의 헌장에는 '도달 가능한 최고 수준의 건강의 향유는 인종, 종교, 정치적 신념, 경제적 또는 사회적 지위에 상관없이 모든 사람이 가지는 기본 권리'라고 정의하였다. 1948년 세계인권선언(Universal Declaration on Human Rights, UDHR)에서 건강권에 대한 국제법적인 틀을 만든 이래, 건강권은 국제적으로 구속력을 갖는 다양한 조약에 명시되기 시작하였다. UN에서 이 건강권을 의제로 삼았으며, 이 업무를 담당하는 특별보고관을 임명하기도 하였다(UDHR, 2003).

우리나라도 법률상으로 건강권에 대해 규정하고 인정하고 있다. 헌법 제10조에서는 '모든 국민은 인간으로서의 존엄과 가치를 가진다'라고 하였으며, 제35조 1항에서 '모든 국민은 건강하고 쾌적한 환경에서 생활할 권리를 가진다'라고 명시하였다. 여기서 중요한 것은 건강권을 위해 단순히 개인의 문제뿐만 아니라 쾌적한 환경의 필요성을 말하고 있으며, 여기에는 공기, 물, 토지와 같은 물리적 환경은 물론 사회적 환경도 포함된다.

하지만 이러한 노력에도 불구하고 권리로서의 건강권에 대한 의문은 계속되는데, 지금까지의 국제법과 국내법의 규정들은 일반 대중에게 매우 추상적이고 모호하게 느껴지기 때문일 것이다. 국가가 건강권을 위해 구체적인 법률로 제정한 사례는 일단 보건 의료관계 관련 법률에서 드러난다. 가장 대표적인 국내법의 사례를 일부 소개하고자 한다.

첫째, 「보건의료기본법」은 2000년에 제정되어 시행되고 있으며, 이 법의 목적과 관련해 제1조에서 "보건의료에 관한 권리·의무와 국가 및 지방자치단체의 책임을 정하고 보건의료의 수요와 공급에 관한 기본적인 사항을 규정함"을 명시하고 있다. 즉,

국민 건강을 위한 양질의 보건의료 서비스를 제공하는 것이 국가가 해야 하는 당연한 책무임을 보여주고 있는 것이다. 또한 제2조에서는 이 법의 기본 이념에 대해서 "보건의료를 통하여 모든 국민이 인간으로서의 존엄과 가치를 가지며 행복을 추구할 수 있도록 하고 국민 개개인이 건강한 삶을 영위할 수 있도록 제도와 여건을 조성하며, 보건의료의 형평과 효율이 조화를 이룰 수 있도록 함으로써 국민의 삶의 질을 향상시키는 것을 기본 이념으로 한다."라고 명시하였다. 이는 건강권이 행복을 추구하고 삶의 질을 확보할 수 있는 도구이며 또한 모든 국민이 누려야 하는 권리임을 말해 준다. 종합적으로 보건의료기본법은 의료관계법에서 작은 헌법과도 같은 의미를 가진다고 할 수 있다.

두 번째로는 1995년 제정된 「국민건강증진법」이다. 이 법은 건강권을 누리고 건강 향상을 이루기 위한 권리와 함께 한편으로는 국민들의 의무 또한 강조하고 있다. 이 법의 목적은 "국민에게 건강에 대한 가치와 책임의식을 함양하도록 건강에 관한 바른 지식을 보급하고 스스로 건강생활을 실천할 수 있는 여건을 조성함으로써 국민의 건강을 증진함을 목적으로 한다."이다. 여기에는 보건학 이론에서 다루는 건강 증진의 개념이 들어 있다. 즉, 건강은 국가 또는 타인에 의해서만이 아닌, 본인 스스로

의 책임의식이 있어야 누릴 수 있다는 것이다. 건강을 이루기 위해 스스로 건강생활을 실천해야 하며 국가는 이를 위한 환경을 만들 의무가 있다는 것이다.

세 번째로는 1995년 제정된 「지역보건법」을 들 수 있다. 이 법은 1956년에 제정된 「보건소법」을 전부 개정하면서 1996년 7월부터 시행되었다. 이 법은 국민건강 증진을 위해서 국가의 도움이 필요하며, 이러한 건강 증진의 활동이 실제적으로 실현되도록 하기 위한 지방정부의 실제적 역할을 규정하였다는 데 의의가 있다. 1990년대 중반까지 넉넉치 않은 한국의 보건의료 상황 속에서 의료의 주요 전달 체계로서 보건소가 매우 중요한 역할을 담당하였는데, 경제 및 보건의료의 발전과 더불어 단순히 진료와 방역 위주의 보건소의 기능이 아닌, 지역 보건 전체를 아우르고 계획·시행하는 역할로 전환하면서 전면 개정되었다고 할 수 있다.

2) 무엇이 건강을 결정하는가?

그렇다면 어떻게 하는 것이 건강한 삶을 누리고 유지할 수 있는 방법인가? 무엇이 인간을 건강하게 하고 무엇이 병들게 하는

가? 인간의 건강을 결정하는 요인을 찾기 위한 노력은 오래전부터 진행되어 왔으며 20세기 후반부터 '건강의 결정요인'에 대한 개념이 정립되기 시작하였다. 이러한 이론에 대하여 체계적으로 정리한 가장 처음의 사건은 1974년 당시 캐나다 보건부 장관이었던 마크 라론드(Marc Lalonde)가 출판한 라론드 보고서이다. 여기에서 공식적으로 '건강 증진'의 개념이 등장하고 '건강의 장'(場)(Health field)의 개념을 제시하였다. 건강의 장에서는 건강에 영향을 미치는 주된 원인을 생물학적 요인(human biology), 환경(environment), 생활양식(life style), 보건의료조직(healthcare organization)의 네 가지로 제시하였다. 이러한 건강의 장에 대한 개념은 이후 건강결정요인(determinants of health)으로 발전하였으며, 세부적으로는 다소 차이가 있을 수 있으나 라론드의 틀에서 크게 벗어나지 않는다(박명배, 2019).

그리고 이 요인들이 건강에 미치는 요인을 계량화하려는 시도도 이루어졌다. 전체를 100%라고 하였을 때, 연구와 관점에 따라 어느 정도의 차이가 있을 수 있으나, 생활습관이 차지하는 비율이 전체에서 40~60% 수준으로, 건강을 결정짓는 가장 중요한 요소가 생활습관이라는 데는 대부분의 학자들이 동의를 하고 있다. 한편, 일반적으로 아무리 노력해도 바꿀 수 없는 요소가 있는데 이것은 생물학적 요인이다. 가지고 태어나는 성, 유전적 특성, 그리고 연령과 같이 노화에 따른 질병과 건강의 변화는 개인이 아무리 노력하여도 수정되기 어려운 사항이다. 따라서 이러한 생물학적 요인을 제외하고 후천적·사회적 영향에 따라 변화될 수 있는 결정 요인을 건강의 사회적 결정요인(social determinants)이라고 부른다(〈표 1〉).

〈표 1〉 건강의 결정요인 모델

라론드(1974)	세계보건기구(2015)	유럽연합(2003)
· 생물학적요인 · 환경 · 생활습관 · 보건의료조직	· 사회적환경 · 물리적환경 · 개인특성 및 생활습관	· 사회경제적환경 · 물리적환경 · 건강행동 · 건강증진활동 · 보건의료서비스

3) 건강증진의 필요성

그렇다면 우리는 지금 왜 보건과 보훈에 있어 건강 증진이라는 개념에 대해서 논하고 있는가? 『손자병법』에서는 싸우지 않고 이기는 것이 최선이라 하였다. 건강도 마찬가지이다. 병에 걸린 이후 병마와 싸워 이기는 것은 하수(下手)이다. 아무리 훌륭한 의료 기술이 있다 할지라도 일단 질병에 걸리면 신체상 부담이 따르며, 질병을 치료하는 데는 상대적으로 많은 자원과 비용이 필요하다. 따라서 가장 최선의 방법은 질병에 걸리지 않게끔 예방하는 것이 가장 좋은 방법이다. 물론 노화에 따른 질병의 발생은 어쩔 수 없겠지만 만나야 할 질병은 가능한 늦게 만나는 것이 좋고, 이환될 수 있는 질병들은 가능한 예방하는 게 좋을 것이다. 보건학에서는 이를 1차 예방이라 부르며, 이미 발생한 질병을 일찍 발견하여 가능한 조기에 개입하는 것을 2차 예방이라 부른다. 그리고 급성 또는 만성퇴행성 질환이 이미 발생하였을 때 재활치료 등을 통해 신체적·정신적 회복을 돕거나 악화 등을 방지하는 것을 3차 예방이라 하는데, 단순히 병을 치료하는 게 아닌 이러한 1, 2, 3차 예방의 전략을 실현하는 것이 건강 증진의 주요 핵심이기도 하다.

결론적으로 이 장에서는 보훈대상자들의 건강권 향상을 위한 건강 증진 정책에 초점을 두고서, 미국의 건강 증진 프로그램의 사례를 살펴보고자 한다.

2. 보훈대상자에 대한 의료 현황

1) 한정된 자원과 의료 서비스 혜택

일단 국가보훈대상자가 되면 여러 가지 혜택이 제공되는데, 이 중 대표적인 것이 의료 서비스 지원 혜택이다. 2020년 우리나라 보훈대상은 84만여 명이며 이들의 평균 연령은 71세이다. 이 중에서 60세 이상의 비율이 83.1%에 달하며(통계청, 2021), 이는 대상자들 대부분이 고령자임을 의미한다. 한편, 2019년 노인진료비는 35조 7,925억 원으로 2015년에 비해 1.6배 증가하였는데, 5년 동안의 증가라는 것을 감안할 때 실로 엄청난 증가세가 아닐 수 없다(질병관리청, 2021). 국민의료비*라는 비용측면뿐만 아니라 질병의 발생은 개인과 가계에도 신체적·정신적·물질적인 부담을 주기 때문에 최대한 예방하여 부담을 경감시켜야 한다.

한편 정부는 보훈 예산을 계속적으로 늘리고 있는데, 2021년 기준 국가보훈 예산은 5.8조 원으로 2020년 대비 2.7% 증가한 수

* 보건의료 서비스와 재화 등 광범위한 범위내에서 국민 전체가 1년간 지출한 총액을 말하며, 2019년 추정치는 154.0조 원 수준이다.(e-나라지표)

준이다. 이 중 보훈의료복지를 위한 예산은 7,753억 원으로 전체 예산 대비 7.5% 수준이다(대한민국 정책브리핑, 2020). 보훈대상자들에 대한 예우와 혜택은 국가가 책임져야 하는 의무이며, 더 나은 대한민국, 그리고 다음 세대를 위한 약속이다. 하지만 급격하게 의료비가 증가하고 있고, 또 증가할 것으로 예측되는 가운데 현실적으로 그 혜택을 무한정 늘리거나 보훈예산의 대폭적인 증가를 기대하기도 어렵다.

여기서 우리가 살펴보아야 할 것은 현재도 보훈대상자들의 의료 서비스 혜택에 대한 만족도는 충분히 높지 않은 수준인데, 앞으로 계속적인 국민 수준의 향상과 더불어 보훈대상자들의 욕구는 더 증가할 것이라는 점이다. 국가보훈대상자를 대상으로 한 생활실태조사에 따르면, 몸이 아픈데도 병의원 치료를 받지 못하거나 중단한 가장 큰 이유는 '경제적 부담' 때문이었다. 또한 가구당 소비 지출에서 의료비가 차지하는 비율은 11%로서, 의료비가 국가보훈대상자들의 가계경제에 적지 않은 부담을 주고 있는 실정이다. 보훈정책 서비스는 교육, 취업, 의료 등의 열두 가지로 구분하는데, 이 중 대상자들의 인지도가 높은 서비스는 의료 서비스(86.4%)이다. 이 항목은 필요도 점수에서도 가장 높은 점수를 받았고(4.54/5점 만점), 이용 경험률(65.0%)도 가장 높았다. 그러나 만족도는 3.84점으로 평균보다 낮은 수준이었다. 이러한 이유로 가계경제에서 의료비의 추가적 지출에 대한 욕구가 가장 컸다(보훈처, 2018).

2) 지속 가능한 의료 서비스

일반적으로 진료비에 대한 본인부담금의 수준이 낮으면 과잉진료가 발생하기 쉬운데, 보훈대상자도 마찬가지로 본인부담금이 낮거나 없기 때문에 타 보험 대비 과잉진료 현상이 나타나고 있다(김진현, 2021). 이에, 일부에서는 보훈대상자의 의료 혜택에 대한 개선을 요구하는 목소리도 나오고 있다. 하지만 이와는 반대로 보훈대상자의 의료 서비스 확대에 대한 욕구는 지속적으로 증가할 것으로 예측되며, 해외 선진국과 비교하여 우리나라의 의료 서비스 혜택은 여전히 부족하다는 의견도 있다.

한정된 자원 하에서 비용을 제한해야 한다는 것도 맞는 말이며, 국가가 위기에 당면했을 때 국가를 위한 희생과 공헌에 대한 최소한의 보상과 예우로서 그 혜택을 충분히 제공해야 한다는 것도 맞는 말이다. 그렇다면 국가적인 제도 하에서 어떻게 이 어려운 난관을 해결해 나아갈 것인가? 이미 국가보건 체계에서는 급격한 고령화와 신 의료 기술 발달에 의한 고가 의료 서비스의 제공 등에 대한 해결책을 찾고자 하는 논의들이 20여 년 전부터 있어 왔다. 질병에 이환되었을 때 치료에 들어가는 비용보다 질병에 걸리지 않게 예방하는 것이 비용이 더 적게 든다. 또한, 개인 환자의 입장에서 봤을 때도, 아팠을 때 최선의 치료를 하는 것보다 질병에 걸리지 않게 예방하는 것이 훨씬 득이 많을 것이다. 이러한 이유로 국민건강보험에서는 일반건강검진과 암 검진을 정기적으로 실시하고 있으며, 직장인의 국가검진 미수검의 경우 사업주에게 과태료까지 부과하고 있다. 이는 우선 근로시간으로 인해 근로자들이 검진 수검을 못 받는 건강권의 침해가 있을 수 있기 때문이다. 또한 촘촘한 검진 체계를 확립하여 주요 질병을 조기에 진단하고 중증질환을 예방하여 개인의 부담 및 국가의료 비용의 부담을 감소시키는 여러 가지 효과가 있기 때문이다.

한편, 「국민건강보험법」에서는 "국민의 질병·부상에 대한 예방·진단·치료·재활과 출산·사망 및 건강 증진에 대하여 보험급여를 실시함으로써 국민보건 향상과 사회보장 증진에 이바지함을 목적으로 한다."면서, 건강보험의 급여 범위에 건강 증진 사업을 시행하는 것을 명확하게 하고, 조직의 체계적인 측면에서는 건강보험공단 내 부서로 건강관리실을 두었다. 이 조직에는 건강기획부, 건강검진부, 검진기관관리부, 건강 증진부, 검진사후관리부의 5개 부서가 있으며 건강보험공단의 검진 및 건강 증진 사업을 수행하고 있다. 이것은 건강보험의 지속가능성을 확보하기 위한 법적·제도적인 모습을 보여주는 것이다.

보훈에 있어 보건의료를 담당하는 가장 대표적인 기관은 한국보훈복지의료공단(이하 보훈공단)이다. 물론 조직의 규모에서 차이가 있을 수는 있지만, 보훈공단 내 의료 서비스 제공을 담당하는 의료지원실이 있고, 이 부서는 의료운영부, 의료관리부, 계약관리부의 3개 부서로 구성된다. 우리는 여기서 질병 예방을 위한 건강 증진 부서나 담당이 없거나 취약하다는 사실을 알 수 있다. 이것은 아직 보훈의료 체계 내에서 건강 증진 활동을 위한 준비가 되어 있지 않으며, 수행되지 못함을 단편적으로 보여주는 현황일 것이다. 물론, 전국 각지에 7개 보훈요양병원과 보훈병원암센터, 보훈의학연구소 그리고 보훈공단 위탁병원들이 있지만, 아직까지는 치료 위주의 서비스 외의 체계적인 건강 증진 활동을 기대하기는 어려운 실정이다.

3. 미국의 보훈대상자 건강증진 프로그램

1) 미국 보훈보건청의 건강증진 관련 조직체계

미국은 전 세계에서 보훈대상자(veteran)에 대한 보상과 예우가 가장 좋은 국가이며, 생애 전반에 걸쳐 통합적인 서비스를 체계적으로 제공하고 있다. 이와 같은 이유로 많은 국가에서 보훈정책 프로그램 개발 시 미국의 사례를 참고한다.

미국에는 보훈대상자들을 위한 보건의료 서비스 제공을 위해 보훈부(U.S. Department of Veterans Affairs, 이하 VA)가 있으며, 산하에는 보건·의료를 담당하는, 우리나라의 청(廳) 규모에 해당하는 보훈보건청(Veteran Health Administration, 이하 VHA)이 있다. VHA는 미국 전역 171개의 병원과 1,112개의 의원급 클리닉을 포함한 1,293개의 의료센터를 통해 연간 9백만 명의 보훈대상자에게 의료 서비스를 제공하고 있다. 그리고 그 규모에 걸맞게 13개의 부서로 구성된다.*

* https://www.va.gov/health/

· Academic Affiliations

· National Center for Ethics

· Finance

· Office of Connected Care

· Medical Inspector

· Patient Care Services

· Patient Safety (National Center for Patient Safety)

· Chief Strategy Office

· Public Health

· Quality and Performance

· Research & Development

· Research Oversight

· Vet Centers (Readjustment Counseling)

위의 부서 중에서 명확하게 건강 증진을 담당하는 부서 또는 전혀 관련 없는 부서를 상호 배타적으로 구분하기는 어렵다. 하지만 일부 기획·예산과 같은 행정지원 부서를 제외하고 Patient Care Services, Patient Safety (National Center for Patient Safety), Public Health, Quality and Performance, Research &

Development, Research Oversight, Vet Centers (Readjustment Counseling) 등의 거의 모든 부서에서는 각 부서의 고유 업무에 따른 프로그램에 따라서 대상자들의 질병 예방을 비롯한 건강 증진의 업무를 수행하고 있다.

이 부서들 중 건강 증진과 관련하여 가장 밀접한 부서는 공중보건실(Office of Public Health)이다. 20세기 중반까지 공중보건이라는 명칭은 감염병을 비롯한 위생의 개념이 강했다면, 20세기 후반부터는 공중보건의 역사에서 건강 증진의 개념이 매우 강조되기 시작하였다. 공중보건은 전통적으로 건강 증진의 개념을 포괄적으로 포함하는 개념이다. 이 부서에서는 질병의 예방을 포함한 건강 증진의 업무를 포괄적으로 담당하고 있으며, 이 부서의 주요업무를 다음과 같이 여섯 가지로 설명하고 있다(〈표 2〉).*

〈표 2〉 공중보건실의 주요업무

주요업무	세부업무
위험노출 관리 (Military Exposures)	· 고엽제환자 지원 · 걸프전 관련 질환자 지원 · 방사선 피폭 · 공기중 오염물질 피폭관리 · 캠프 Lejeune의 오염수로 인한 질병관리

* https://www.va.gov/health/orgs.asp

질병관리 (Diseases & Conditions)	· 고엽제관련 질병관리 · 간염관리 · HIV/AIDS · 독감 · COVID-19
건강 및 웰니스 (Health & Wellness)	· 금연 · 예방접종 · 독감백신 · 여성건강 · 마리화나 관리
연구 (Studies & Data)	· 역학 · 간염 · HIV/AIDS · 추적연구(2만 5천명) · 베트남 참전자 연구
환자치료 (Patient Treatment)	· 간염치료 · 환자안전 · 금연클리닉 · 감염관리
종사자 건강 (Employee Health)	· 작업장 환경관리 · 근로자 건강증진 · 상해 보상 · 보건의료시설의 위반(violence) 예방 관리

2) 미국의 건강증진 프로그램 사례

(1) 자살예방

보훈대상자를 위한 자살예방 사업은 얼핏 보면 의외라고 생각할 수 있다. 그러나 보훈대상자들은 일반인에 비해 훨씬 더 극한 상황에 직면하는 경우가 많으며, 때로는 생명의 위협을 받는 상황에 이르고 때로는 동료들이 죽어 가는 장면을 목격하는 경우도 있다. 이러한 직업적 특성과 상황에 의해 많은 보훈대상자는 정신건강 문제를 겪게 되는데, 미국에서는 질병예방 및 건강 증진 사업과 관련하여 자살예방은 보건·의료 서비스 분야를 넘어서 가장 핵심적인 프로그램 중 하나이다. 미국은 치료와 예방을 포함한 정신건강 관련 예산만 2021년 기준 120억 달러에 달한다. 여기서 우리가 주목해야 할 사항은 오직 자살예방사업에만 2019년 기준 2억 4천만 달러의 예산이 책정되었는데, 2020년 3억 1천만 달러가 확정되었고, 2022년에는 약 6억 달러의 예산이 요구된 상태라는 것이다(VA, 2021). 이는 전년 대비 2배 가량 증가한 금액이며 2년 사이 2.5배 가량 늘어난 수치이다. 정신건강 전체의 예산은 소폭 증가했는데 자살예방의 예산을 배로 늘렸다는 것은 그만큼 치료도 중요하지만, 정신건강의 예방·건강 증진의 필요에 대한 당위성이 확보되었기 때문이다.

증액된 예산은 보훈대상자 대상 자살상담센터(Veterans Crisis Line, 이하 VCL)의 확대에 초점을 두고 있다. 미국 VCL은 2007년 개설되어 연간 350만 건의 상담을 진행하고 있으며, 그간 10만 건 이상의 긴급파견 서비스를 보내기도 하였다. 그리고 2009년부터 채팅서비스, 2011년부터 문자 서비스 등 서비스를 확대하고 있으며, 번호는 911과 비슷한 988이다.

아래의 〈그림 1〉에서 보듯이 365일, 24시간 동안 휴무 없이 언제든 상담을 할 수 있고, 퇴역군인을 비롯한 보훈대상자가 서비스 대상이며, 가족·지인들에게까지 상담을 제공하고 있다. 그리고 이 콜센터는 유선이라는 제한점이 있지만, 고위험이 감지될 시 상담사를 직접 파견하는 등의 서비스를 제공한다. 이때, 지역별로 모든 VA병원에 자살 전문 상담사(Suicide Prevention Coordinator)가 배치되어 있으며, 외래 전문 메디컬클리닉, 정신건강상담 센터(Vet Center) 등 피상담자와 가까운 곳에 있는 이용 가능한 시설을 연결해 주기도 한다.

〈그림 1〉 보훈 자살상담센터 신청 화면

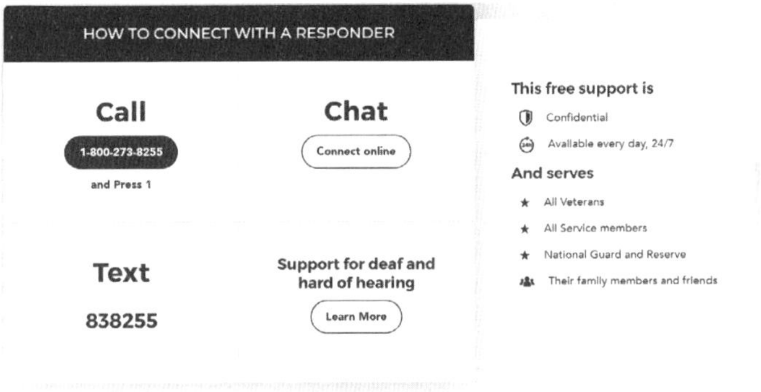

출처: VCL 홈페이지 (https://www.veteranscrisisline.net/)

(2) 금연사업

세계보건기구의 보고서에 따르면 흡연은 사망을 유발하는 가장 대표적인 단일 위협 중의 하나로서, 흡연이라는 단일 요인으로만 매년 약 7백만 명 이상이 사망하는 것으로 추산된다(WHO, 2017). 이에 다수 국가에서 흡연은 보건 문제의 높은 우선순위로 매겨지며 보건정책의 핵심 주제로 다뤄진다. 이러한 흡연은 보훈대상자들을 대상으로 하는 건강 증진에서도 예외일 수는 없을 것이다. VHA의 조사에 의하면 흡연을 하는 보훈대상자의 60%는 금연을 원한다고 보고되었다(VHA, 2006).

의학적으로 흡연은 행동이나 습관의 문제라기보다는 니코틴에 의한 중독으로 접근하고 있기 때문에, 금연치료는 의료 서비스의 일환으로 간주된다. 미국 보건부(Department of Health and Human Services)와 VHA에서는 서로 긴밀히 협력하여 대상자들을 위한 별도의 금연 사업을 실시하고 있다. 금연을 위해 금연클리닉으로부터 시작하여, 금연계획 세우기, 니코틴보조제 치료(Nicotine Replacement Therapy), 유지강화 프로그램 등을 체계적으로 지원한다.

이때 보훈대상자를 위해 별도의 보훈 전용 금연클리닉이 필요하냐는 질문이 제기되곤 한다. 많은 사람들이 예상하겠지만, 보훈대상자에 대한 예우가 가장 좋은 미국에서조차도 그렇게 까진 하지 못한다. 그렇다면 미국의 경우는 어떠한 시스템으로 운영되고 있을까?

미국의 국가금연지원센터(smokefree.gov)에서는 금연을 지원하기 위해 특별히 우선 대상 순위를 두고 있는데, 여기에는 보훈대상자, 여성, 청소년, 노인 등이 이에 속한다. 이 중에서 보훈대상자들의 경우 VHA가 협력하고 있기 때문에 흡연자의 금연을 이루기 위한 체계적인 관리가 가능하다. 먼저 등록 이후 전화·온라인 채팅 상담 등을 금연 센터에서 지원할 수 있다. 니코틴 보조제의 경우 니코틴이 포함되어 있는 의약품이기 때문에 개인의 판단이 아닌 전문가의 도움을 받아야 한다. 이때, 금연 센터에서는 금연을 하고자 하는 대상자의 흡연력, 흡연량 등을 고려한 치료 가이드라인을 제시하며, 보훈대상자 전용의 금연상담 전화를 운영하여 상담을 받도록 한다. 여기서 금연센터·상담전화와 함께 실제적 대면 서비스에서도 금연이 유지될 수 있도록 VHA 산하 병원 또는 클리닉과 연계시킨다.

미국의 보훈대상자들은 대부분 본인들이 자주 가는 담당 의료기관이 있으며, 여기에서 의사 또는 보건관리자 (healthcare provider)와 직접적인 상담을 통해 금연보조제는 물론 브푸로피

온(bupropion), 바레니클린(varenicline)과 같은 전문의약품을 처방받을 수 있다.* 금연 상담 서비스와 더불어 니코틴 보조제나 전문의약품을 처방받을 경우 금연 성공률이 현저히 올라간다고 알려져 있기에 이 두 가지 서비스를 체계적으로 제공받을 수 있는 보훈대상자들은 건강 향상을 위한 금연에 있어 좋은 환경적 조건에 있다고 할 수 있다.

(3) 온라인·어플리케이션을 활용한 건강증진

① My Health Vet을 통한 e-헬스 서비스 제공

현재 우리는 단순한 인터넷의 시대를 지나, 디지털 기술이 우리 생활 환경의 모든 분야에 매우 깊숙이 관여하고 있으며 디지털 환경 없이는 일상생활이 매우 불편할 정도의 세상에 살고 있다. 디지털에 있어 소프트웨어와 하드웨어를 포함한 포괄적인 기술을 ICT(information and communications technology) 기술이라 부르는데, 우리의 생활에서 가장 밀접하게 이 분야 기술이 사용되고 있는 것이 스마트폰이다.

---

* 금연에 효과가 있다고 과학적으로 인정된 가장 대표적인 전문의약품이다.

2010년대 초반 이후 스마트폰이 본격적으로 보급되기 시작하여 이제는 휴대전화를 사용하는 거의 대부분의 사람들이 스마트폰을 이용하고 있다. 보훈대상자들은 대부분 고령층이니 굳이 모바일 헬스, e-헬스를 개발할 필요가 없다고 한다면 이는 시대에 뒤처진 생각일 것이다. 대한민국은 세계가 인정하는 IT 강국이며, 전 세계적으로 가장 빨리 초고속 인터넷이 보편화된 나라이기도 하다. 또한, 앞으로의 노인인구는 수십 년 전의 노인인구 세대가 아니라 모바일 스마트폰, 인터넷이 이용 가능한 노인 인구 세대로 변화될 것을 감안한다면, 거의 전무하다 싶은 현재 우리나라의 보훈대상자에 대한 ICT 서비스를 준비하고 개발할 필요가 있다.

앞서 '들어가는 글'에서 「국민건강증진법」의 목적을 잠깐 언급하였는데, 이 법의 목적이 '스스로 건강생활을 실천할 수 있는 여건을 조성함'에 있다는 것을 되새길 필요가 있다. 스마트폰 자체가 대상자들에게 건강을 줄 수 있는 것은 아니다. 하지만 ICT 기술을 활용하여 대상자들이 건강한 생활 습관, 다시 말해 보훈대상자들이 건강 증진 활동을 스스로 하도록 도울 수 있다. 여기에 ICT 기술과 빅데이터를 접목하여 대상자들의 생활패턴을 분석하고 체계적으로 관리해 줄 수도 있기 때문에, 이 기술을 활용한 건강 증진 프로그램은 다만 보훈대상자를 넘어선 전 영역에서 서비스 전달 체계로서의 역할이 대두되고 있다.

'My HealtheVet'은 보훈대상자들의 건강을 통합적으로 관리하는 대표적인 e-헬스 시스템이다. 이 시스템의 기능은 환자들의 전문의약품 처방관리, 의료 및 헬스케어 서비스 예약 시스템, 상담, 건강기록 관리에 이르기까지 대상자들을 체계적으로 지원하며, 질병의 예방과 기저질환자의 중증질환 예방에 효과적이다.

Pharmacy	· My HealtheVet 등록자는 이전의 처방기록을 확인할 수 있고, 이전에 VA 의사에 의한 처방전이 있다면 재처방 프로그램(Rx Refill)을 통해 병원이나 클리닉을 가지 않고 약국에서 처방약 획득이 가능하다.
Appointments	· VA에서 제공하는 대부분의 의료 및 헬스케어 서비스 예약관리가 가능하다.
Messages	· VA 의료팀과 메시지를 통해 커뮤니케이션이 가능하다. 여기에는 건강 및 질병에 관한 궁금한 사항을 질문할 수 있고, 본인의 신체 컨디션을 VA 의료팀에게 보낼 수도 있다.
Health Records	· 대상자들의 건강기록을 관리하며, 대상자 측면에서는 본인의 건강 관련 기록을 확인하고 개인 건강관리기록부(Personal health record)의 기능도 수행한다.

② 모바일 어플리케이션을 활용한 건강 증진 사례

현대 사회에서 e-Health의 가장 대표적인 형태는 모바일 어플리케이션(이하 어플)일 것이다. 보훈정책의 일환으로서 건강 증진 프로그램을 도입하는 데 참고할 수 있도록, 미국의 보훈대상 건강 증진 프로그램의 일환인 모바일 어플의 활용 사례를 소개하고자 한다. VHA에서 운영하고 있는 건강 관련 모바일 어플은 종류도 다양하며 실제로 활용도를 최적화하여 대상자들을 지원하고 있다. 어플의 종류가 매우 많기 때문에 이 책에서 다 소개하기는 어렵겠지만, 현재 VHA에서 운영하는 모바일 어플 중 대표적인 몇 가지를 간단히 소개하고자 한다.

· 화상상담 어플: VA Video Connect로 불리는 이 어플은 의료기관의 예약, 건강 문제 상담 등 도움이 필요할 때 24시간 이용이 가능하며, 스마트폰으로 연결하여 화상상담을 지원한다.
· 군 복무 중 위해 환경 노출 관리(Exposure Ed): 보훈대상자들은 군사 임무 중 화학적, 물리적으로 또는 다양한 환경에서 위험한 요인에 노출된다. 이 어플은 의료 제공자에게 이러한 노출에 대한 정보를 제공한다. 환자 또는 대상자가 언제 어디에서 근무했는지를 확인할 수 있다면, 당시 어떠한 물질에 노

출되었을 가능성이 있고 그로 인해 발생할 수 있는 장애와 질병은 무엇일지 정보를 확인할 수 있다. 그리고 미국의 보훈정책에서 이러한 노출로 인한 질병·장애를 위해 제공할 수 있는 의료 서비스가 무엇이 있는지도 검색하고 대상자에게 혜택을 제공할 수 있다.

· 군사 성적 외상환자 관리(Beyond MST): 군대 내에서의 성폭력·성희롱 사건은 충분히 일어날 수 있으며, 이러한 사건으로 인해 개인이 받는 정신적 충격은 매우 심각할 것이다. 이는 큰 범주에서 외상후스트레스장애(Post Traumatic Stress Disorder)로서 성적 외상(military sexual trauma)이라 불리며, 퇴역 이후에도 이러한 장애에서 벗어나지 못하는 경우가 다수 발생하고 있다. 이 어플은 성적 외상으로 도움이 필요한 대상자들을 돕기 위한 어플로서 자가 관리와 그 관리 상황에 대한 간단한 평가를 제공하며, 어플 내에서 채팅 상담 서비스, VA 자살 상담 센터 또는 911 등의 헬프데스크 정보를 제공한다.

· 금연 코치(Stay Quit Coach): 금연 시도자의 정보를 입력하고 자가 관리를 할 수 있도록 하며, 금연을 유지할 수 있도록 다양한 정보를 제공한다.

· 올바른 음주 습관 관리(VetChange): 음주가 항상 문제가 되는

것은 아니나, 폭음, 알코올 중독과 같이 올바르지 못한 음주 습관은 때로는 사회적으로나 개인의 건강에 상당한 문제가 된다. 이 어플은 금주(禁酒)를 포함하여 올바른 음주 습관의 변화를 돕는 자가 관리 어플이다.

· 의약품 정보 어플(Ask a Pharmacist): 의약품에 대한 정보를 어플리케이션으로 획득할 수 있다. 하지만 이 어플에서는 단순히 의약품에 대한 단편적인 정보 습득에서 끝나는 것이 아니다. My HealtheVet에 가입한 보훈대상자들은 그들의 질병정보, 이전의 처방 등이 연계되어 VA 의료진들과 맞춤형 상담까지 가능하다.

· 건강관리어플(LIve Whole Health): 이 어플은 생애 주기 전반에 걸쳐 본인의 전체적인 건강에 대한 정보와 관리를 해주는 어플이다.

이 외에 의료 서비스 및 건강관리를 위한 다양한 어플은 My HealtheVet에서 확인이 가능하다.*

* https://www.myhealth.va.gov/mhv-portal-web/mobile-apps

4. 나오는 글

건강은 인간의 당연한 목표 중 하나일 것이다. 인류는 건강 수준의 향상을 위해서 역사적으로 많은 시도와 노력을 해 왔다. 예전이나 지금이나 사람들은 여전히 건강하게 살아가기를 원하고 있으며, 건강의 중요성은 누구나 인식하고 있다. 20세기에 들어 문명과 과학은 인류 역사상 가장 큰 발전을 이루었으며, 의학의 발달 덕분에 건강의 수준 또한 매우 많이 향상되었다. 21세기를 살아가는 현재의 인류는 불과 몇십 년 전에는 상상도 못했던 다양한 의료 서비스 혜택을 받고 있으며, 걸리면 죽는다고 생각했던 질병들로부터도 살아남는 시대가 되었다.

하지만 이와 함께 이러한 의료의 혜택을 제공받기 위해서 개인적으로 더 많은 돈이 필요하게 되었는데, 일반적으로 선진국일수록 의료 서비스의 비용 부담에서 정부의 재원이 차지하는 비중이 더 높다. 국가에서 국민들에게 의료 서비스 혜택을 제공하기 위해 막대한 재원을 사용하지만, 국민들은 가능한 더 많은 것을 받고 싶은 것이 본능적 욕구일 것이다. 국가보훈대상자들도 이러한 본능적인 범위에서 크게 벗어나지 않으며, 그들은 오히려 사회적 차원에서든 건강의 차원에서든 의료 서비스가 더 필요한 우선순위 대상이기도 하다.

하지만 모든 국가 정책이 그러하듯 한정된 자원 하에서 예산도 효율적으로 배분할 수밖에 없다. 그러기 위해서 국가는 정책별 우선순위를 정하는 작업을 하게 된다. 안타까운 것은 우리나라에서 보훈정책이 국가 정책에 있어 그렇게 큰 비중을 차지하는 것 같지는 않다는 것이다. 보훈정책의 차원에서 자원을 효율적으로 사용하고 건강보호를 위한 더 많은 혜택을 제공하기 위해서는 건강 증진의 서비스를 적극 제공해야 하는데, 이 또한 보훈정책의 우선순위는 아닌 듯하여 한 번 더 안타깝다. 국가보훈대상자들에 대한 지속 가능한 의료 서비스를 제공하기 위한 최선의 방법으로서 건강 증진 사업이 보훈정책의 최우선적인 의제가 되어야 한다. 그 첫 단추로 보훈공단 내에 건강 증진을 담당할 수 있는 부서를 신설하는 것이 필요하다고 생각한다.

보훈대상자를 위한 보건-복지-의료 통합지원체계의 구축

신은규_ 동서대학교

1. 들어가는 글

1) 보훈대상자의 고령화

최근 국가유공자를 대상으로 하는 보훈정책 가운데 고령의 유공자에 대한 보훈 서비스가 쟁점으로 떠오르고 있다. 이러한 배경에는 「독립유공자 예우에 관한 법률」과 「국가유공자 등 예우 및 지원에 관한 법률」에 근거한 국가유공자 절반 이상이 70세 이상의 고령자일 정도의 급속한 고령화가 한 몫을 하고 있다.

물론 고령화는 비단 국가유공자뿐만 아니라 우리 사회 전반에 나타나는 현상이다. 실제로 2020년 현재 고령화 기준 연령인 65세 이상 노인 인구가 급증하고 있으며, 80세 이상 노인 인구의 비중 역시 급증하고 있다. 한국은 2017년 말 기준 65세 이상의 노인 인구가 7,356,106명으로 총 인구수 51,778,544명의 14.2%

인 고령사회로 진입한 상태이며, 여기서 특히 우려할 사실은 초고령화 사회에서 65세 이상 노인 인구 중 향후 만성질환의 문제를 유발할 가능성이 높은 80세 이상의 노인 인구 비중이 2017년부터 20% 이상을 차지하였다는 것은 사실이다. 이러한 추세에 따라 2060년에는 65세 이상 노인 인구 중 80세 이상 인구 비중이 44.3%에 달할 것으로 예상된다.

〈그림 1〉 연도별 고령자 인구비율 예상 도표

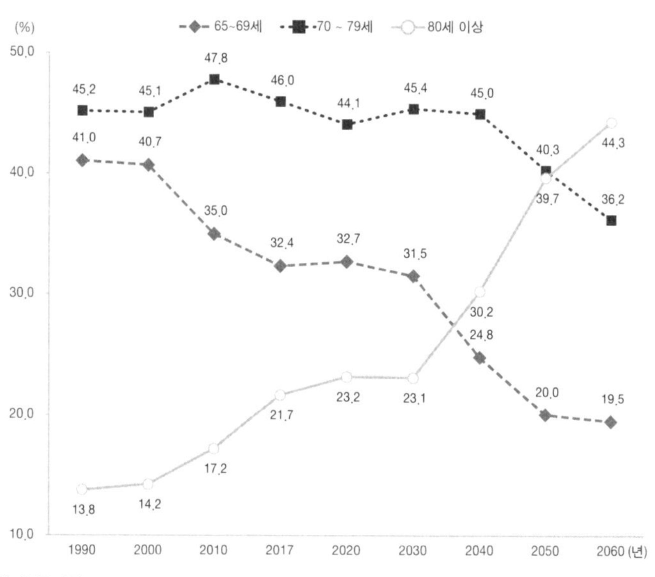

출처: 통계청

이에 따라 고령층에 속하는 유공자들의 노후생활 지원 서비스를 적절하게 구축 및 확충하여 고령 유공자를 대상으로 하는 관련 정책을 체계적으로 정비해야 할 필요성이 계속 커지고 있는 것이다. 그럼에도 불구하고 국가유공자를 대상으로 하는 보훈정책은 대부분 국가유공자들의 소득보전과 보건의료 분야에 집중되어, 국가유공자들의 고령화에 따른 개별 활동과 일상생활을 지원하는 보훈 서비스로 체계화되기에는 어려움이 존재하고 있는 현실이다.

한편, 보훈교육연구원과 국가보훈처 등 관련 기관의 선행 연구들은 주로 국가유공자의 대상 범위 확대, 보상금액의 현실화 및 기타 지원체계 강화, 건전한 보훈문화의 확산 및 보훈대상자들의 명예 선양 등에 그 초점이 맞추어져 있다. 이러한 연구 주제와는 달리 보건복지부에서는 압축적인 고령화 및 초고령화 사회로의 진입을 앞두고서 장기요양보험, 노인돌보미바우처, 독거노인생활지도사사업, 가사간병도우미사업 등을 시행하고 있다. 보훈 복지와 보건 분야도 다양한 노인 돌봄 서비스를 필요로 하고 있는 만큼, 서비스와 내용, 전달 방식과 관련한 보훈 분야의 요구와 수요를 충족하기 위한 정책적 노력을 더 기울여야 한다. 그리고 국가유공자 대상 보훈 서비스는 “국가를 위한 개인의 희생에 대한 반대급부와 예우"라는 특성으로 인해, 일반 사회정책의 복지 서비스와 내용은 비슷하다 하더라도 보훈의 특성에 어울리는 차별화도 필요하다(이재원 외). 이러한 인식에 따라 정부는 일반적인 사회정책과 구분되면서도 보훈 서비스의 특수성을 반영하는 독립적인 보훈 서비스 공급 체계를 구축하여 운영하고 있다.

그런데 주로 국가보훈처의 표준화된 기준을 적용하는 현행 공급자 중심 방식의 보훈 서비스는 이용자의 특수성을 고려하는 수요자 중심 방식과 비교할 때, 재정 및 행정 관리의 부담 증대, 비효율성의 발생, 그리고 다양한 서비스 욕구에 대한 대응의 어려움 등으로 인해 개선이 요구되고 있다(이재원 외). 실제로 2005년 한국보건사회연구원이 국가유공자 7,003명을 대상으로 실시한 설문조사 결과, 전반적인 보훈행정 서비스에 대한 만족, 매우 만족이 약 23.4%, 국민으로부터 받는 존경과 예우에 대한 만족, 매우 만족이 12.6%, 그리고 금전적 보상 수준에 대한 만족, 매우 만족이 6.9%에 그치는 등 현행 보훈 서비스에 대한 만족 수준이 높지 않은 것으로 나타났다(김미숙).

현재까지의 논의 내용을 종합하여 보면, 국가유공자 중에서도 특히 고령유공자를 대상으로 하는 보훈정책은 일반적 사회복지정책의 주변부에 머물지 말고 보훈의 특성에 어울리는 보편적 서비스로 전환하고 성장해 나가야 한다. 이를 통해 국가유공자로서의 존엄과 예우를 보장하면서도, 고령자가 생활해 나가는데 필요한 여러 가지 사회적 돌봄 서비스의 혜택을 비용대비 효과적으로 누릴 수 있도록 하는 방향으로 개선해 나가야 하는 것이다.

2) 보훈대상자의 보훈병원 이용률 분석

최근 국가유공자를 대상으로 의료 서비스를 제공하는 보훈병원의 경우 75세 이상 고령자의 외래진료 이용 비중이 점차 증가하고 있으며 외래 진료 금액도 증가하고 있다. 이는 75세 이상의 건강 상태가 좋지 않아 의료 서비스를 점점 더 필요로 하고 있다는 뜻이다.

〈그림 2〉 보훈병원 75세 이상 진료인원(2011-2020)

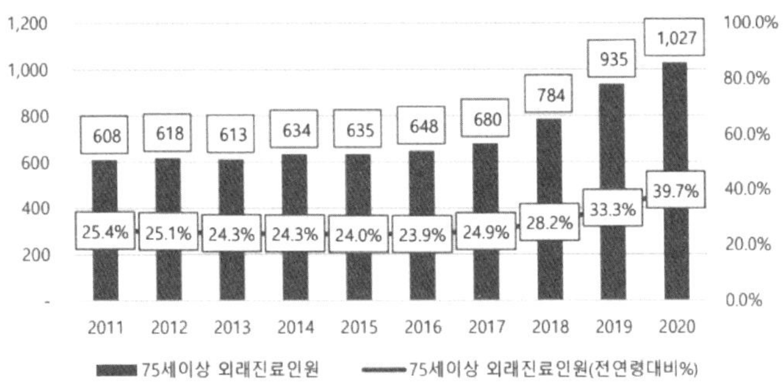

출처: 한국보훈복지의료공단(2021), 보훈병원 진료실적(2011-2020)

특히, 2020년의 경우에는 COVID-19의 팬데믹 상황임에도 불구하고 보훈병원의 외래진료 인원이 늘어났는데, 이것은 보훈병원이 다른 의료기관에 비하여 보훈대상자에게 의료 서비스를 좀 더 충실히 제공했다는 뜻이라고 할 수 있다. 2018년 28.2%에 머물던 75세 이상 외래진료 인원이 2019년부터는 30%를 초과했고, 특히 2020년에는 39.7%로 급격한 증가세를 보였다. 또한 팬데믹 상황이라는 것이 믿기지 않을 정도로 75세 이상 연령층의 외래진료 금액이 2020년도까지 3년간 급격히 증가하고 있는 추세도 확인할 수 있다.

이처럼 75세 이상의 외래진료 인원과 사용 금액이 가파르게 증가하고 있는 것은 고령사회로 진입하면서 예상되었던 사회적

〈그림 3〉 보훈병원 75세 이상 외래진료금액(2011-2020)

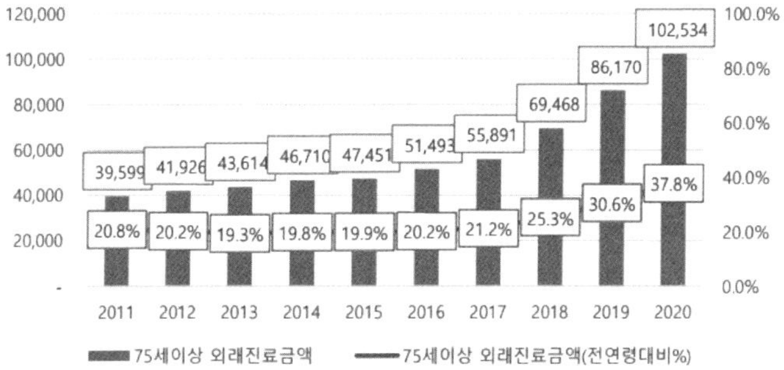

출처: 한국보훈복지의료공단(2021), 보훈병원 진료실적(2011-2020)

변화가 실제로 나타나고 있다는 뜻이다.

그러나, 75세 이상의 외래진료 인원과 금액의 증가에도 불구하고 보훈병원의 외래진료에서 검사 건수와 검사 금액은 최근 3년간 둔화되거나 감소하고 있는 것으로도 분석되었다. 이는 고령화에 따라 75세 이상의 보훈병원 이용자들이 자주 검사하지 않아도 되는 만성질환으로 병원을 이용하는 경우가 많다는 사실을 반증하고 있는 것이다.

〈그림 4〉 보훈병원의 5대 외래검사건수 및 금액 추이(2011-2020)

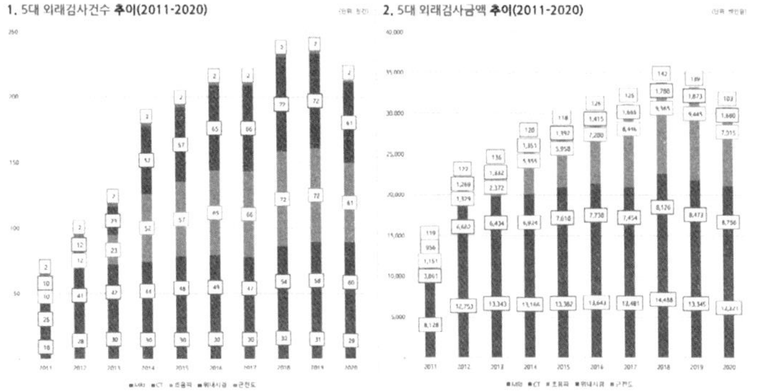

출처: 한국보훈복지의료공단(2021), 보훈병원 진료실적(2011-2020)

3) 보훈대상자의 재가복지 서비스 이용 현황

보훈 재가복지 서비스 중에서도 가장 큰 역할을 담당하고 있는 것은 가사·간병 서비스이다. 보훈섬김이의 도움을 받는 가사·간병 서비스는 고령, 퇴행성 또는 만성질환 등으로 일상생활을 영위하는 데 어려움을 겪고 있으면서도 가족으로부터 적절한 수발을 받지 못하거나 노인장기요양보험 서비스를 받지 못하는 보훈대상자에게 가사 및 간병 등 재가복지 서비스를 제공함으로써 안락한 노후생활을 보장하고 가족들의 부담을 경감하기 위한 것이다.

보훈 재가복지 서비스에 주목하여 서비스 이용자를 대상으로 실시한 선행연구는 대부분 서비스의 만족도, 욕구 및 개선점에 대한 내용으로 구성되어 있다. 먼저 만족도와 관련하여 이용자들은 서비스 자체에 만족하거나(최성기, 2007; 이재익, 2009; 박형근, 2010; 오정실, 2010; 이영자·최정신, 2011), 현장에서 직접 서비스를 제공하는 보훈섬김이에 대해 높은 만족을 나타내고 있었다(박형근, 2010; 이영자·최정신, 2011; 이영자, 2012).

보훈 재가복지 서비스 이용자들은 대체로 서비스에 만족해하면서도 서비스 시간 및 횟수의 증가에 대한 욕구(이영자, 2012)와 안부 전화 또는 말벗 서비스 등(이재익, 2009; 오영숙, 2011)에 대한 욕구를 표출하고 있었다. 이는 독거의 고령세대일수록 혼자라는 것에 대한 불안감과 외로움을 경험하고 있다는 뜻이다. 특히 이재익(2009)의 연구에서는 중소도시에 거주하는 서비스 이용자들에게서 이러한 말벗 서비스에 대한 수요가 많은 것으로 파악되었고, 대도시의 경우는 여가 서비스에 대한 욕구를 가지고 있는 것으로 나타나, 향후 전국적으로 일률적인 서비스 지원보다는 지역별 특성에 맞는 서비스 지원 체계 구축이 요구된다고 할 수 있겠다(이영자, 2012).

2. 고령자에게 필요한 의료 및 복지 서비스

1) 해외의 고령자 (복합)만성질환관리 전략 및 모델

보건복지부와 국민건강보험공단이 선정한 총 46개 만성질환 중 고령자 계층에서 두드러지는 것은 심혈관계(고혈압 등), 대사성(당뇨병 등), 근골격계(요통, 관절 등) 만성질환이며, 이 외에도 스트레스가 많고 영상과 관련된 전자기기들의 사용이 많아진 사회적 흐름에 따라 정신과(우울증), 안과(망막병증) 등의 질환도 고려해야 할 대상이다. 이러한 만성질환들의 개념을 포괄적으로

〈그림 5〉 포괄적인 개념으로서의 노인성 만성질환 접근

순위	유형			유병률 (%)
1	고혈압	관절증	당뇨병	7.73
2	고혈압	관절증	천식/COPD	3.88
3	고혈압	관절증	지질대사장애	3.80
4	고혈압	관절증	골다공증	2.74
5	고혈압	당뇨병	천식/COPD	2.47
6	고혈압	당뇨병	지질대사장애	2.20
7	고혈압	천식/COPD	지질대사장애	1.27
8	고혈압	관절증	죽상동맥경화	1.23
9	고혈압	관절증	허혈성심장질환	1.13
10	고혈압	당뇨병	전립선비대증	1.12
11	고혈압	관절증	뇌졸중	1.10
12	고혈압	당뇨병	지질대사장애	1.08
13	고혈압	당뇨병	뇌졸중	0.92
14	고혈압	당뇨병	골다공증	0.88
15	고혈압	당뇨병	허혈성심장질환	0.83
			계: 20,928 명	32.38
			복합 만성질환자수: 64,630 명	100.00

만성질환 중 일반적인 증세 또는 노인의 기능저하인 위통, 알레르기, 고도시력감퇴, 어지럼증, 두통, 빈혈, 청각손실, 건선, 불안, 비만, 담배는 만성질환에서 제외하였음.

포괄적인 분류 →

순위	유형			유병률 (%)
1	심뇌혈관 질환	관절증		7.73
2	심뇌혈관 질환	관절증	호흡부전	3.88
3	심뇌혈관 질환	관절증		3.80
4	심뇌혈관 질환	골다공증 골절		2.74
5	심뇌혈관 질환	호흡부전		2.47
6	심뇌혈관 질환			2.20
7	심뇌혈관 질환	호흡부전		1.27
8	심뇌혈관 질환	관절증		1.23
9	심뇌혈관 질환	관절증		1.13
10	심뇌혈관 질환	전립선 비대증		1.12
11	심뇌혈관 질환	관절증		1.10
12	심뇌혈관 질환			1.08
13	심뇌혈관 질환			0.92
14	심뇌혈관 질환	골다공증 골절		0.88
15	심뇌혈관 질환			0.83
			계: 20,928 명	32.38
			복합 만성질환자수: 64,630 명	100.00

만성질환 중 일반적인 증세 또는 노인의 기능저하인 위통, 알레르기, 고도시력감퇴, 어지럼증, 두통, 빈혈, 청각손실, 건선, 불안, 비만, 담배는 만성질환에서 제외하였음.

출처: 건강보험심사평가원, 2011년 환자표본조사 재가공

정리하면 〈그림 5〉와 같다.

한편, 만성질환관리에 대한 해외의 전략과 모델들을 살펴보면 다음과 같다.

〈표 1〉 해외 만성질환관리 전략 및 모델

국가/모델명		내용		
		비전 및 목표	서비스 대상	인적 자원
미국	TCM	퇴원 환자를 위한 집중적인 전환간호 제공을 통한 재입원율 감소	재입원 고위험 환자 만성질환자 복합질환자	간호사 중심의 다학제 프로그램
	RED	퇴원간호과정 향상을 통한 재입원율 감소/ 환자만족도 증대	퇴원 환자 재입원 고위험 환자	퇴원전담 간호 약사
	BOOST	전환과정 향상을 위한 퇴원간호서비스 제공/ 재입원율 감소	재입원 고위험 환자	간호사 중심의 다학제 프로그램
캐나다	CCAC	지역사회 대상자의 요구를 포괄할 수 있는 다각적 서비스 제공 및 개발 퇴원 후 재가 서비스 요구 충족	급만성질환자 장애 및 허약환자 지지적 간호 및 돌봄이 필요한 재가환자	간호사/전문간호사 사회복지사/보건관련종사자(해당 실무경험자, 석사학위소지자)
호주	HACC ACAT	퇴원 환자의 독립성 향상 퇴원 후 가정복귀율 향상 의료 서비스의 지속성 및 일관성 유지	허약 노인 중심	대상자 요구사정 전담팀 간호사 중심의 다학제 프로그램
일본	지역포괄지원센터	보건의료 향상 및 복지증진 지역단위의 통합적 서비스 제공	지역사회 재가 노인	사회복지사 간호사 개호지원전문가

한국	의료기관 가정간호 보건소 방문보건 노인장기요양 방문간호	의료서비스의 지속성 유지 환자와 가족의 자기관리능력 향상 포괄적 서비스 제공 포괄적 건강관리서비스 제공 가족의 부양부담 감소	조기퇴원 환자, 만성퇴행성 질환자 지역재가노인 및 취약계층환자, 65세 이상의 노인성 질환자	가정전문간호사 간호사(경력 2년 이상) 보건간호사

출처: 만성질환 건강관리 강화를 위한 인센티브 도입방안 연구, 건강보험심사평가원, 2013에서 인용, 재정리

이러한 해외 만성질환관리 전략 및 모델 중 미국과 영국의 사례만을 살펴보면 예방과 지역사회 지원이 포함되어 있다는 특징이 있다.

〈그림 6〉 미국의 Patient-Centered Medical Home(PCMH)과 영국의 만성질환관리를 위한 실행 전략 및 모델

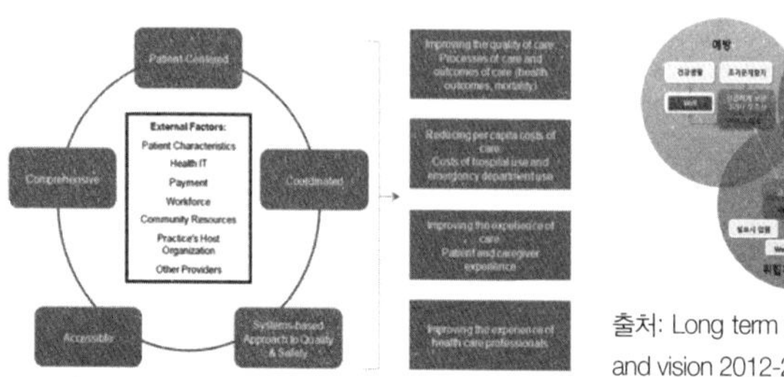

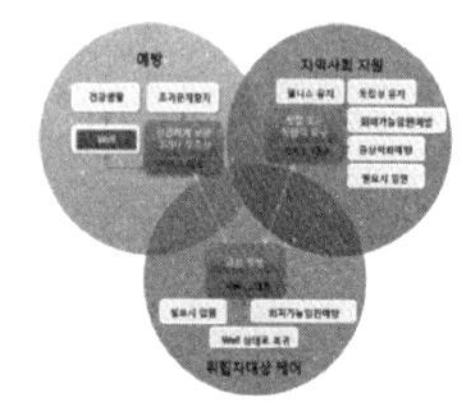

출처: Long term conditions strategy and vision 2012-2017

한편, 국내의 만성질환관리를 위한 연구들을 토대로 만성질환 진행단계별 관리지표를 체계화한 내용은 다음과 같다.

〈그림 7〉은 건강검진 실측 데이터와 병·의원 이용내역을 근

거로 산출된 내용들을 정리한 것인데, 이것은 비건강 행태에 따라 발생하는 문제들을 검진 활동을 통해 조기에 발견하고, 지속적인 관리 활동을 통해 합병증 발병율을 낮추며, 심·뇌혈관 질환으로 확산되는 것을 방지하려면 만성질환 진행 단계별 관리지표를 개발해야 할 필요성이 있다는 사실을 보여준다.

〈그림 7〉 국민건강보험공단, 건강검진-의료이용지표

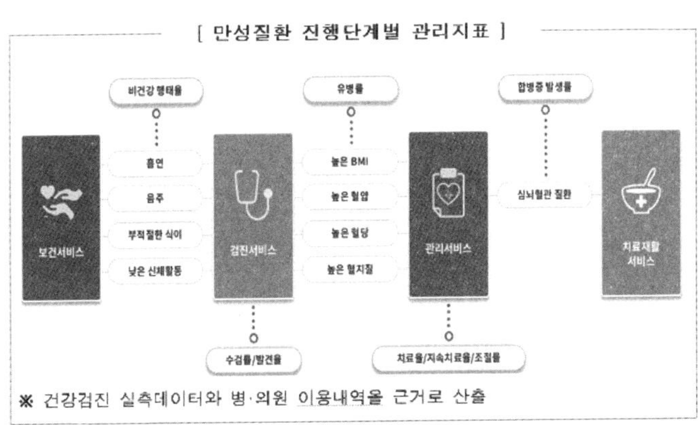

출처: http://www.dailymedipharm.com/news/photo/202108/57930_26954_2349.png

2) 만성질환관리모형(Chronic Care Model, CCM)

한편, 전 세계가 고령화 추세를 따를 것으로 예상되기 시작하던 시절, 바그너(1998)는 기존의 보건의료 체계는 치료중심으로서, 환자의 역할이 과소평가되고 있으며, 질환의 관리도 산발적으로 이루어지고 있다고 지적하였다. 그는 당시의 급성질환에 대처하기 위한 치료 중심의 보건의료 체계는 지역사회에서 제공하는 서비스의 중요성을 간과하고, 지속적 관리 및 평가가 미흡하다는 한계를 인식하고서, 만성질환관리를 위한 프로그램을 지속적으로 수행 및 평가하고, 환자의 건강상태를 유지 및 증진시키기 위해 보건의료 체계의 시스템 자체를 변화시켜야 한다는 것을 역설한 바 있다.

이러한 문제 제기에 따라 질병관리모형(CCM)에서 제시하고 있는 주요 요소는 〈표 2〉와 같이 지역사회 자원과의 연계, 보건의료기관의 특성 활용, 자가관리의 지원, 전달체계(환자의뢰체계)의 설계, 의사결정의 임상적 근거 제공, 임상정보체계 구축으로 구분할 수 있다(박종연 외, 2007).

인간의 건강에 대한 관심이 증대되고, 좀 더 활동적인 생활 패턴을 건강이라는 사항으로 집중시키는 시대로 접어들면서 질병이 발생한 이후에 관리하는 의료체계를 일상생활 공간인 지역사회로 확장해 만성질환을 예방하고 관리하는 방식으로 전환해야 한다는 목소리도 커졌다. 이러한 시대적 흐름과 함께 고령층으로 진입하는 세대는 본인의 건강수명의 효율적 관리를 위해 보건의료 체계의 시스템 안에 만성질환도 중요하게 포함되어야 한다는 생각을 더 많이 하게 되었다. 이는 고령사회 및 초고령사회 진입에 따른 의료비 부담을 정책적 측면에서 관리해야 한다는 요구이기도 하다.

이처럼 수요자와 공급자 모두에게 고령화에 따른 만성질환 관리의 중요성은 더욱 더 커지게 되었다.

〈그림 8〉 질병관리모형의 요소

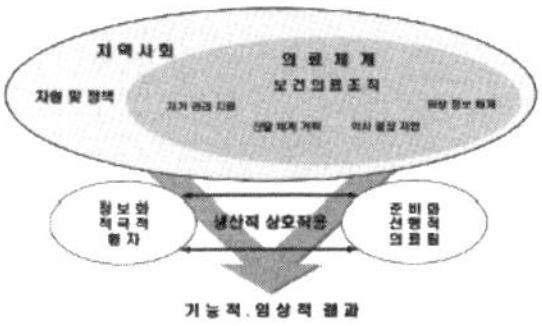

〈표 2〉 질병관리모형의 효과성

CCM 요소	효과적 중재	성과측정
환자 자가관리 지원	- 환자 교육 - 환자 동기부여 카운슬링 - 교육자료 배부	- 질병의 심리사회적 측정 - 환자 • 삶의 질 • 건강상태 • 기능상태 • 서비스 만족도 • 위험행태 • 지식 • 서비스 이용 • 치료 순응, 지속성
전달체계 설계	- 다분야의 팀	- 질병의 심리사회적 측정 - 전문가의 가이드라인 순응 - 환자서비스 이용
의사결정 지원	- 근거기반 가이드라인 수행 - 전문가와 교육적 미팅 - 전문가들간 교육자료 배부	- 전문가의 가이드라인 순응 - 질병의 심리사회적 측정
임상정보체계	- 감시 및 피드백	- 전문가의 가이드라인 순응
전달체계	공표된 근거 미흡	
지역사회 자원	공표된 근거 미흡	

출처: Zwar et al. 2006: Nolte and McKee 2008

2000년대에 진입한 이후, 세계보건기구(WHO)에서는 전 지구적으로 급성기 질환보다 만성질환이 인류의 건강에 더 위협적이라는 점을 발견하고 알리면서 "혁신적 만성질환관리(Innovative Care for Chronic Conditions, ICCC)"에 대해 강조하였다. 그에 따라 선진국가들은 물론 개발도상국에서도 사용할 수 있는 CCM모형에 각 국가별로 적용할 수 있는 정책적 요소를 추가하여 제시하였다(WHO, 2002).

〈그림 9〉 혁신적 만성질환관리모형(ICCC)

출처: WHO(2002) Innovative care for chronic conditions: Building Blocks for Action: Global report. 박종연 외(2007)에서 소개한 WHO(2002)의 모형을 재인용함.

WHO가 제시한 혁신적 만성질환관리모형을 국내에 도입하기 위해 많은 연구가 시행되었고, 이에 대한 후속 연구들도 다양하게 진행되었다. 국내외 성과들을 비교 연구한 김윤(2015)에 의하면, 기존 만성질환관리모델(CCM)은 여섯 가지 영역으로 구성되었으나, 혁신적 만성질환 관리모델은 필수요소 여덟 가지 중에서 질병 예방의 중요성을 강조했다.

〈표 3〉 만성질환관리모델(CCM)의 6가지 영역과
혁신적 만성질환 관리모델(ICCC)의 필수 요소

만성질환관리모델(CCM)의 6가지 영역
① 자가관리 지원(self-management support) ② 전달체계(환자의뢰체계) 설계(delivery system design) ③ 의사결정의 임상적 근거제공(decision support) ④ 임상정보지원(clinical information support) ⑤ 보건의료기관의 특성 활용(healthcare organization or health system) ⑥ 지역사회 자원과의 연계(linkage to community resources)

혁신적 만성질환 관리모델(ICCC)의 8가지 필수 요소
① 패러다임 변화지지 ② 정책적 환경 운영 ③ 통합적 의료관리 설계 ④ 보건에 대한 부문별 정책 배정 ⑤ 좀 더 효과적인 의료종사자 이용 ⑥ 환자와 가족중심 관리 ⑦ 환자의 지역사회 지지 ⑧ 질병 예방 강조

출처: 김윤 외, 「일차의료 중심의 만성질환관리 서비스 모형 개발」, NECA, 2015.

3) 만성질환 예방관리를 위한 접근 방식 전환

만성질환의 예방을 강조하는 혁신적 만성질환관리 모델의 등장과 함께 보건의료 체계는 질병중심관리 모형에서 점차 웰니스(Wellness) 모형으로 전환이 이루어지게 되었다.

기존의 의료 시스템은 환자에게 명확한 질병이 발생한 이후에 의료 서비스를 제공하는 방식이었기에 주로 환자와 의료진의 관계가 중요했으나, 기대수명이 늘어나고 삶의 질에 대한 사회적 관심이 고조되면서 질병이 발생하기 이전의 단계에서 건강한 상태를 지속시키기 위한 서비스의 필요성이 대두되었다. 즉, 건강한 고령인구가 증가하자 아직 질병이 발병하지 않은 잠재적 질환계층 혹은 아질환군도 증가했고, 질병의 발생을 최대한 늦추고 이연시키면서 건강한 노년의 삶을 확보하려는 의지도 증가되고 있는 것이다.

이에 따라 질병을 관리하는 측면의 의료 서비스보다 노화를 지연시키면서 안정적인 삶을 영위하기 위한 적극적 예방 및 건강관리 서비스의 사회적 수요도 늘어났고, 기존 질병중심관리 모형보다 삶의 질을 높이려는 "웰니스 모형"으로 의료 서비스의 수요가 이동하게 되었다. 건강관리 서비스가 고령사회를 먼저 맞이한 선진국 중심으로 수행되고 있는 중이다.

이러한 건강관리 서비스는 비단 사회적 수요의 증가에만 반응하는 것이 아니라, 고령인구의 만성질환을 관리 및 예방하는 것과 아울러 진료비 부담이 높은 심혈관, 뇌혈관 질환의 발병을 지연시켜 사회적 의료비용을 절감시키는 효과도 낳고 있다.

하지만 이러한 웰니스 모형의 등장은 의료 시스템 내에서 새로운 사회적 수요에 부응하기 위한 신규 인력 공급에 많은 시간이 걸리고, 의료 시스템 전반의 변화에 부응하기 위한 환자의 편익 변화에 대한 부작용도 예상된다. 이를 예방하기 위해 기존 공급자 중심의 의료체계를 환자 중심의 의료체계로 변환하면서 다양한 분야가 통합적인 의료를 수행할 수 있도록 추진한다는 특징도 보여주고 있다.

이미 우리나라에서도 가정의학과와 예방의학과가 생기고 성장하는 과정에 그에 해당하는 전문인력의 양성과 그에 따른 수요자 측면이 변화하는 데까지 꽤 오랜 시간이 걸렸다. 그럼에도 불구하고 급격한 고령화 추세는 그 변화의 폭과 깊이가 광범위하여 기존의 의료 시스템과 복지 시스템을 단순히 병행하는 방식으로는 계속 한계도 노출하게 될 것이다.

웰니스 모형으로 변화하는 과정에서 등장하는 핵심 개념은 환자 중심의 예방적 활동이 만성질환자 스스로 자신의 생활 및 행동 패턴을 관리하도록 함으로써 일상생활의 프라이버시를 존중하면서 동시에 증가하는 의료비의 효율적 사용이 가능하다는 점이다. 그리고 그러한 자기관리의 개선을 통해 마련된 시간적, 비용적 여유를 좀 더 풍요로운 삶을 위해 사용할 수 있다는 것이다.

〈표 4〉 만성질환관리의 장애요소

	내용
환자	- 의사 및 관련 전문가에 대한 신뢰 결여 - 치료과정에 대한 이해도 부족 - 편익대비 치료에 대한 비용 및 부작용 - 이동수단 - 의약품에 대한 지불능력 - 우울증 - 기타 환자의 감정적 이슈
공급자	- 시간부족 - 시스템 지원 부족 - 카운슬링에 대한 보수(인센티브) 부족 - 카운슬링 스킬 부족 - 처방에 대한 설명 부족 - 환자 순응 가정 - 만성질환 관리를 위한 훈련 부족 - 문화적 문맹적 이슈를 다루는 훈련 부족
제도	- 높은 본인부담 - 담당의 및 해당 전문가의 빈번한 교체 - 치료관리 개선을 위한 정책 부재 - 환자교육을 위한 인력 부족 - 장애요인을 해결하지 못하는 시스템 부족 (예. 질적 목표를 충족시키기보다는 환자 수에 대한 보수급여 책정)

출처: Shahady(2006) Barriers to care in chronic diseases: How to bridge the treatment gap, www.consultantlive.com

〈그림 10〉 Wellness모형으로의 변화 개념도

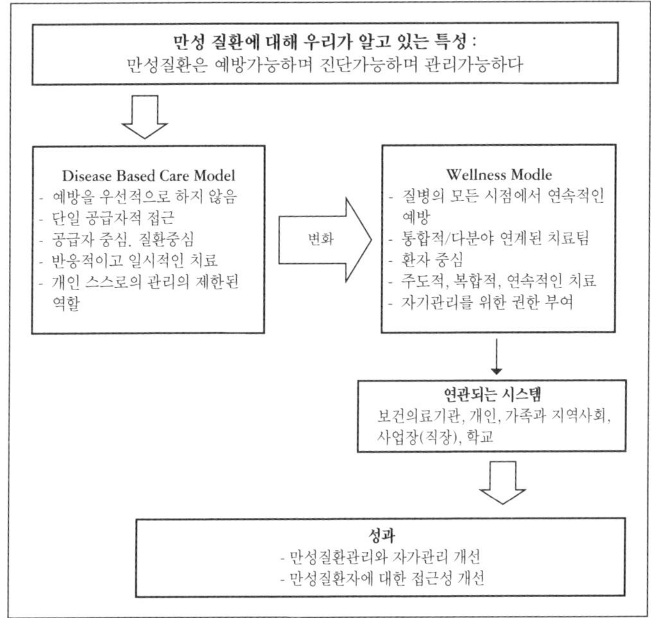

출처: Waterloo Wellington Local Health Intergrated Network(WWLHIN). Working Together for a Healthier Future: Integrated Health Service Plan 2010-2013를 보완

또한, 질병은 생활습관에서 발생하며, 만성질환도 예방과 관리가 가능하다는 점에서 환자 스스로 자기관리를 위한 권한을 부여받아 수행할 수 있도록 체계적 전환이 이루어져야 한다는 의미이기도 하다.

〈그림 11〉 심뇌혈관 질환의 진단 및 치료법에 대한 국내 연구 동향

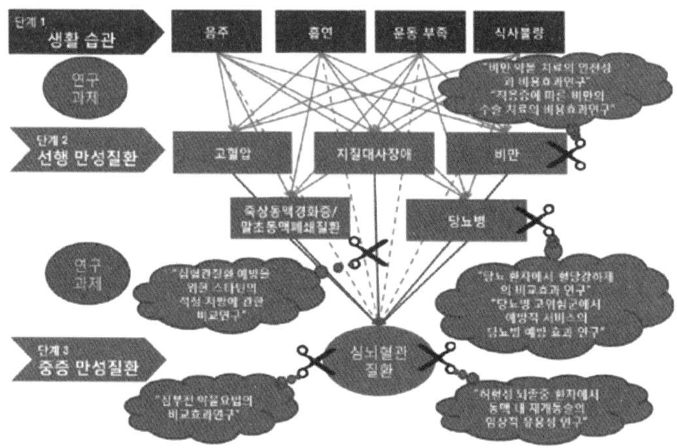

개별적인 중증 및 선행 만성질환에 대한 연구 지원 → 포괄적인 개념의 지원 필요

출처: 저자 및 부산대병원의 연구재단 연구과제 공모 자료 중 일부 발췌, 2019

이러한 웰니스 모형으로 의료체계의 전환이 이루어지기 위해서는 급성기질환 중심으로 이루어져 온 의료체계에 더 많은 다학제간 협력이 필요하며, 자기관리를 위한 행동 변화 기술의 도입, 표준화된 절차에 따른 헬스케어 IT(Healthcare IT) 기술의 사용으로 병원 이용에서 만성질환자의 접근성을 혁신적으로 개선할 필요가 있다.

그렇게 해야 근거 중심의 케어를 계획적으로 정립할 수 있게

되고, 잠재적인 아환자군을 주기적으로 모니터링함으로써 급격한 의료비 발생 요인을 사전에 예방하는 기능을 수행하게 된다.

이는 가장 높은 의료비 발생의 주요 원인이 뇌·심혈관 질환이며, 이 질환은 일상생활의 패턴이나 습관에서 기인한다는 연구들을 통해 이미 입증되고 있다. 선행 만성질환을 가볍게 넘기지 말고 이것이 중증 만성질환으로 연결되기 전에 자가관리로 이어질 수 있도록 지역사회의 협력이 필요한 것이다.

〈그림 12〉 만성질환 관리를 위한 포괄적 모형 및
자가관리 지원을 위한 보건의료전달체계 변화 방향

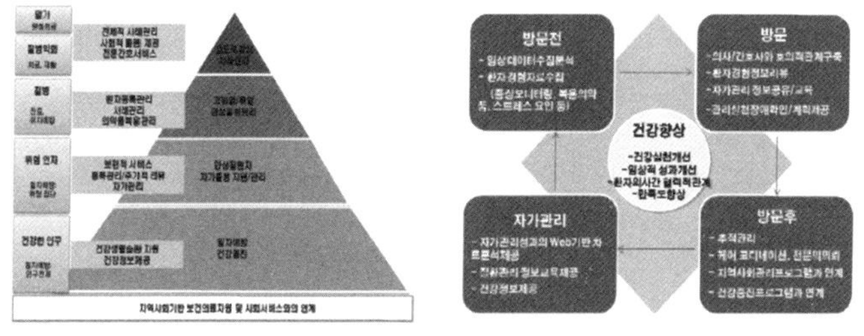

출처: 정영호 외, 효과적 만성질환 관리방안 연구, 한국보건사회연구원, 2013, 성인에서 건강검진 후 고혈압관리의 장애요인 분석, 질병관리본부 연구과제, 충북대학교병원, 2017, P.78 혼용

이미 고령자 계층의 비율이 높아진 보훈대상자들을 포함하여 우리나라 전체 인구를 대상으로 조사된 연구에서도 뇌·심혈관 질환과 같은 주요 사망원인은 중증 만성질환이 심화되어 형성

되며, 중증 만성질환은 고혈압, 당뇨, 비만, 지질대사장애와 같은 선행 만성질환이 원인으로 밝혀지고 있다. 또한 선행 만성질환은 음주, 흡연, 운동 부족, 식사 불량과 같은 생활 습관이 주요 원인이므로, 개별적인 중증 및 선행 만성질환에 대한 포괄적인 자기관리 모형의 도입이 필요하다. 즉 건강한 인구 계층이 스스로 건강 위협 요인을 파악하고, 관리할 수 있도록 일상생활에서 환자와 지역 의료진과의 협력체계를 구축하고 지역사회의 관리체계 및 프로그램 연계가 필요한 것이다.

3. 지역사회 통합의료복지 서비스 제안 모델

1) 만성질환 관리를 위한 지능형 관리센터

현재 보건복지부 산하 기관들은 만성질환 위험 분석을 위한 센터를 설립하고, 지역사회의 보건소와 의원들을 중심으로 지역사회 전문질환 센터를 운영하면서 만성질환 관리를 하고 있다. 그러나 보훈대상자만을 위한 별도의 관리 센터는 아직 언급되고 있지 않은 상황이다. 고령화의 진행에 따른 일반적인 노화의 기준, 즉 거동이 불편해진다든지 하는 기준에 맞추어진 보건복지 프로그램은 상이군경과 같은 보훈대상자의 특수성을 충족시키기에는 한계가 있다.

일반적인 만성질환 고위험군에 대한 예측 플랫폼의 도입을 위해 연구개발(R&D)을 시도하고 있으나, 진료과별 의견이 상이하고, 한국형 중증 만성질환 예측 도구에 대한 임상적 소견도 서로 다를 수 있어서 표준화하기에는 상당한 난관이 예상된다. 이것을 보훈대상자로 직접 확대하기에 어려운 측면이 있는 것이다.

전 국민을 대상으로 하는 만성질환 관리를 위한 지능형 관리센터의 구축은 고령층이 자발적으로 자기관리를 위해 IT 기술에 접근하고 활용하는 과정에 피드백을 받기 어려울 수 있다. 오히려 보훈대상자 중 초고령 계층보다는 다양한 IT 기술의 활용과 피드백이 용이한 상이군경을 대상으로 시범사업을 도입한다면, 이것은 보훈대상자에 대한 혜택이 될 뿐 아니라, 보훈 정책에의 참여가 만성질환 관리를 전 국민으로까지 확대시키는 토대로도 작용하는 긍정적인 역할을 할 수 있을 것으로 기대된다.

〈그림 13〉 만성질환 관리를 위한 전달체계 모형

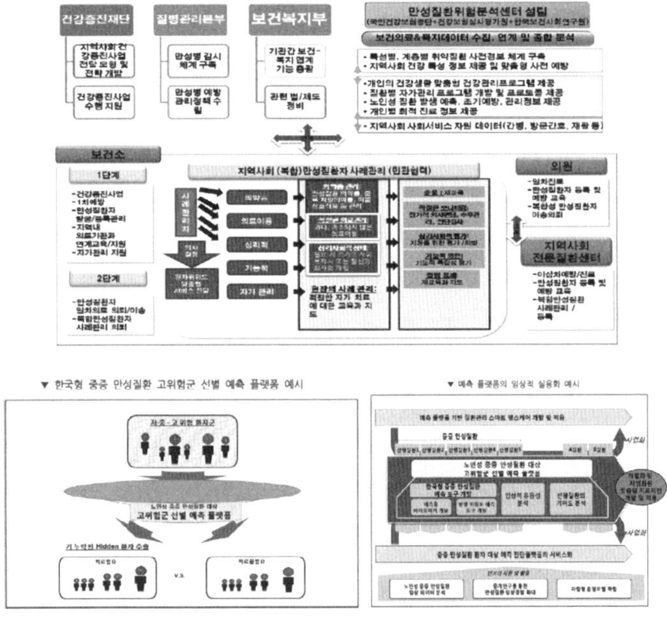

출처: 저자 및 부산대병원의 연구재단 연구과제 공모 자료 중 일부 발췌, 2019

2) 보훈대상 지능형 관리 센터 시범사업 제안

만성질환 고위험군에 대한 예측모형을 구축하고자 한다면, 이미 만성질환 고위험군에 속한 이들이 의료기관에서 퇴원한 이후 방치되는 의료 사각지대를 사회적 복지 서비스와 연계시켜야 한다. 이런 연계를 시스템화함으로써 고령 인구의 건강에 대해 자기관리 주체성을 함양하는 데 도움이 되는 지역 내 고령층 보훈대상자의 지능형 만성질환 관리 센터를 구축할 수 있는 것이다. 이런 식으로 일반 국민을 대상으로 하는 노인/만성질환 지능형 관리 센터의 구축에 앞서, 보훈대상자가 거주하는 지역 내에서라도 제한적이나마 시범적인 사업의 운영을 해 볼 필요가 있는 것이다.

이렇게 보훈대상자들을 대상으로 공적 사회 서비스 영역과 의료 서비스 영역을 지역 단위의 스마트케어팀 내에서 연계시킴으로써, 의료와 복지를 동시에 제공하고, 고령층 보훈대상자의 건강한 삶의 질을 제고하며, 사회적 비용의 효율적 집행도 가능하도록 이끌 것이다.

이를 위하여 스마트케어 운영위원회의 도입과 지역 노인/만성질환자 지능형 관리 센터 구축이 필요하다. 아울러 의료와 복지를 연계하는 팀에 의료 서비스 공급 업체와 복지 서비스 공급업체가 동참하도록 하는 거버넌스가 구축되면, 더 광범위한 영역에서 공공과 민간의 협력 모델이 만들어질 것으로 기대된다. 이를 통해 국가에서만 보훈대상자를 우대하는 것이 아니라, 우리가 거주하고 생활하는 지역사회에서도 보훈대상자의 값진 희생에 존경을 표하는 활동이 일상화되기를 희망한다.

4. 나가며

의료현장에서 환자의 생명을 지키는 과정에서 온갖 고초를 겪으며 밤낮으로 씨름하여 치료하고 살려낸 환자들이 퇴원을 하면 다시 삶의 현장에서 이전의 생활패턴으로 돌아감과 동시에 증상이 재발현되는 악순환을 반복하는 경우가 허다하다. 특히 고령자들이 가지고 있는 만성질환자에게는 이러한 애로사항들이 누적되면서 의료진의 허탈감과 박탈감을 의욕저하로까지 이어지게 만든다. 우리나라의 보훈대상자들이 고령의 상황에 놓여있다는 점은 이제 주지의 사실이다. 따라서, 보훈대상자들의 의료서비스에 대한 만족도를 제고시키기 위해서뿐만 아니라 보훈대상자들이 퇴원 이후 삶의 질을 유지할 수 있도록 하기 위해서는 일상생활에서 이전의 행동 중 건강을 저해하는 행동들에 대해 개선이 필요하고 건강한 상태를 유지하고 증진시킬 수 있도록 사회적 지원이 필요하다. 따라서 의료서비스 영역과 공적 사회서비스 영역의 결합이 담보되어야 보훈대상자들의 노인/만성질환에 대한 관리가 제대로 이루어졌다고 할 수 있다.

그러나, 현실적으로 퇴원 이후에는 병원에서 직접 관리할 수 있는 법적, 제도적 권한이 없고, 문제가 다시 악화되어 의료적 치료가 필요한 상황이 되어서 병원에 재원해야만 치료가 가능하다는 한계가 있다. 이 역시 치료만 가능할 뿐 삶의 현장에서 건강행동을 이끌어내는 기능은 없다. 따라서 의료서비스를 반복적으로 이용하는 것을 넘어 사회서비스를 통해 건강행동을 유지하고 이끌어냄으로써 입원과 치료를 반복하는 악순환을 끊고 보다 높은 삶의 질을 유지할 수 있도록 IT기술의 도입을 통한 효율적 관리를 제안하는 바이다.

보건과 복지를 주관하는 정부 부처는 보건복지부이다. 그러나, 만성질환을 앓고 있는 고령자에게는 보건과 복지가 연계되기 보다는 단절되어 있음으로 인해 그 어느 영역에서도 환영받지 못 하는 심리적 괴리를 겪고 있다고 판단된다.

이에 보훈대상자가 생활하고 있는 지역단위별로 스마트케어팀을 구성하여 해당 지역 내에서 보건과 복지가 연계·기능하도록 함으로써 의료와 복지가 동시에 제공되도록 할 필요가 있다. 이는 고령의 보훈대상자들이 건강한 삶을 일상적으로 유지하도록 함으로써 삶의 질을 제고함과 동시에 반복되는 의료서비스 사용으로 인해 발생하는 사회적 비용을 줄이는 효율적 방안이 될 것이다.

이를 위하여 보훈대상자들이 거주하고 있는 지역사회를 선별하여 스마트케어 운영위원회를 구성하고 해당 지역의 노인/만성질환자들을 대상으로 지능형 관리센터를 구축하는 것이 필요하다. 이를 통해 의료와 복지를 연계하는 팀에 해당 지역에서 활동하는 의료서비스 공급업체와 복지서비스 공급업체가 협업하도록 하면 보다 지역중심의 공공과 민간 협력 모델이 만들어질 수 있을 것이다.

우리나라의 보훈대상자들은 피없이 땀만을 흘린 것이 아니고, 또 땀없이 피만을 흘린 것이 아니다. 피와 땀을 같이 흘린 우리의 고귀한 보훈대상자들에게 복지없는 의료만 제공하고, 의료없는 복지만 제공할 것이 아니라 보건의료서비스와 복지서비스를 같이 연계하여 제공함으로써 보훈대상자들께서 흘리셨던 땀과 피를 온전히 보상할 수 있도록 하는 것이 보훈대상자들의 희생의 가치를 제대로 기억하는 것이 될 것이다.

보훈의료 체계와 책임의료조직

서경화_ 프리랜서 연구원

1. 들어가며

전 세계적으로 보건의료 체계에 대해 가장 고민하는 문제는 재정적·질적으로 지속가능한 의료체계를 유지하는 것이다. 인구학적 특성 및 질병 이환 추이 등을 고려해볼 때, 현재 의료계가 직면해 있는 다양한 환경들은 지속가능한 미래 의료를 보장할 수 없는 상태에 놓여 있다. 인구학적 특성의 변화, 질병 양상의 변화, 신종 전염성 질환 증가 등은 의료비 지출을 증가시키는 요인으로 작용하며, 재원 조달 방법이 한정돼 있는 의료 환경에서 의료비 지출 증가는 재정적 부담을 극대화시킨다. 또 치료 중심에서 예방 중심으로 의료 패러다임이 변화하면서 의료 서비스의 양적인 측면에만 집중하던 의료 서비스 제공 행태가 질적인 측면에 집중하는 방향으로 변해가고 있으며, 사전적·예방적 진료의 중요성이 더 부각되고 있다. 이에 따라 비용-효율적인 의료 서비스 제공 체계에 대한 요구도가 점차 높아지고 있다.

의료체계에서 일어나고 있는 문제점들을 해결하기 위한 세계적인 흐름은 적정한 의료비용 지출과 더불어 의료 서비스 질의 향상이라는 가치(value)를 극대화하는 방향으로 의료 체계를 전환하는 것이며, 다수 국가에서 지속가능성, 효율성, 의료 질 향상을 함께 추구하는 방향으로 중장기적 정책을 제시하고 있다(신영석 등, 2017) 대표적으로 미국에서는 2010년경 분절화된 의료체계로 인해 발생하는 의료비용 증가, 의료 질 저하 문제를 양(volume)이 아닌 가치(value)에 중점을 두는 방향으로 전환하는 의료개혁을 추구한 바 있다. 여러 가지 정책적 모형을 시도한 결과 책임의료 조직(Accountable Care Organization, ACO)이라는 모형을 설계하였고, 가치 기반 지불 방식을 적용하여 재정적·질적 성과를 동시에 달성하고자 하였다. ACO는 궁극적으로 지속가능한 의료 체계를 유지하고자 개인의 건강 증진, 인구집단의 건강 증진, 그리고 의료비 지출 증가율 감소를 목표로, '재정 절감 공유 프로그램'과 '통합의료'라는 두 가지 핵심 요소를 중심으로 운영되었다.

보훈의료 체계도 이 같은 보건의료 환경 변화에 예외적이지 않다. 보훈대상자의 연령별, 임상적 특성 때문에 의료비 지출 증가 문제가 더 심각하게 인식되고 있다. 보훈대상자는 일반인들과 달리 고령화 수준이 높고 복합만성질환으로 고통을 받는 경우가 더 많아 의료 서비스 이용의 증가와 더불어 의료비의 지출도 증가할 수밖에 없는 현실에 놓여 있다(정태영, 2021; 구길환 등, 2021). 따라서 이 글에서는 이러한 문제의식을 가지고 지속가능한 보훈의료 체계의 유지를 위해 추구해야 할 방향을 모색하고자 미국의 ACO모형을 살펴보고, 보훈의료 전달체계가 안고 있는 의료 문제들을 해소하는 방안으로 미국의 ACO 모형의 적용 가능성을 검토하고자 한다.

이 글의 목표는 다음과 같다.

첫째, 객관적 통계자료를 근거로 보훈의료 체계 현황을 살펴보고 구체적인 문제점을 도출한다.

둘째, 미국에서 운영되고 있는 ACO의 개념과 특징들을 살펴본다.

마지막으로, 우리나라 보훈의료 체계에 ACO가 적용 가능한지 검토해 본다.

2. 보훈의료 체계 현황과 문제점

1) 보훈의료 체계 현황

(1) 보훈대상자의 연령 및 건강 상태

2020년 기준 보훈대상자의 평균 연령은 약 71세(국가보훈처, 2021)로서 전 국민의 평균 연령이 42.9세(통계청, 2020)인 것에 비해 약 28세 정도 더 높아 고령화 수준이 매우 높은 편이라고 할 수 있다. 이뿐만 아니라 전 국민 대비 65세 이상 고령인구 비율이 조금씩 상향되고 있기는 하나, 2020년 기준 16.4%인 데 비해 보훈대상자는 77.2%로 일반 국민의 65세 미만 비율 수준과 비슷한 실정이다 〈표 1〉. 다만, 보훈대상자의 경우 65세 이상 인구 비율이 미미하게 감소하고 있는 추이를 보이고 있지만, 전체 등록 인구수가 줄어들고 있는 실정을 감안해야 한다.

〈표 1〉 연도별 65세 이상 인구 비율 추이: 전 국민 vs. 보훈대상자(단위 : %)

구분		2017	2018	2019	2020
전 국민	65세 미만	85.8	85.2	84.5	83.6
	65세 이상	14.2	14.8	15.5	16.4
	계	100.0	100.0	100.0	100.0

구분		2017	2018	2019	2020
보훈대상자	65세 미만	22.0	22.4	22.8	22.8
	65세 이상	78.0	77.6	77.2	77.2
	계	100.0	100.0	100.0	100.0

출처: 국가통계포털의 주민등록인구 자료와 국가보훈처의 보훈대상자 기본현황 자료를 분석·가공하였음.

또한 2018년 「국가보훈대상자 생활실태 조사」에 따르면 보훈대상자의 건강 상태는 응답자의 평균 32%가 좋지 못한 수준에 있다고 응답하였다(국가보훈처, 2018). 그중에서도 통증이나 불편감이 있다고 응답한 비중이 49.3%로 전체 응답자의 절반 수준으로 가장 높았다. 또한 조사 시점으로부터 1년 이내에 진료 받은 주요 질환명은 고혈압(21.6%), 근골격계질환(21.0%), 당뇨병(10.0%), 심혈관계질환(8.0%)의 순으로 확인되었으며, 주로 만성질환을 앓고 있는 것으로 볼 수 있다. 뿐만 아니라 보훈대상자들의 평균 재원일수는 39.9일로 일반 국민의 재원일수가 17.9일(보건복지부, 2020)인 데 반해 약 2배 이상 긴 편이다. 이러한 건강상태 수준은 보훈대상자들 다수가 고령인구인 것과도 밀접한 연관이 있다고 볼 수 있다.

(2) 보훈병원, 위탁병원 의료이용 현황

전반적으로 보훈병원 및 위탁병원의 진료 인원에서는 특징적인 증감 추이가 확인되지는 않는다. 하지만 최근 2019년 대비 2020년의 증감 현황을 기준으로 했을 때, 국비 진료 인원의 감소폭이 약 9% 수준임에 비해 진료비 감소폭은 1~2% 수준이었다 〈표 2〉. 즉 진료 인원의 감소폭에 비해 보훈대상자의 진료에 지출된 의료비용은 크게 감소하지는 않았다고 볼 수 있다.

〈표 2〉 **보훈대상자 의료지원실적**(단위 : 천명, 억 원)

구분		2017	2018	2019	2020
진료인원	계	8,432	8,332	8,928	8,103
	보훈병원(국비)	2,933	2,899	2,957	2,666
	위탁병원(국비)	4,244	4,060	4,460	4,071
	보훈병원(감면)	1,255	1,373	1,511	1,366
진료실적	계	7,096	7,454	8,018	7,957
	보훈병원(국비)	4,216	4,297	4,464	4,368
	위탁병원(국비)	2,231	2,291	2,544	2,519
	보훈병원(감면)	649	866	1,010	1,070

출처: 국가보훈처. (각 연도), "보훈병원 사업실적", https://www.index.go.kr/potal/main/EachDtlPageDetail.do?idx_cd=1566¶m=002(2021/10/8).

『보훈연감 2020』의 자료(국가보훈처, 2021)를 이용하여 2020년 기준 보훈병원 지역별 이용현황을 분석해 본 결과, 서울 중앙보훈병원을 이용하는 비중이 전체의 49.3%로 다른 지역에 비해 월등히 높았다. 그다음으로 부산(16.0%), 대구(11.6%), 광주(11.1%) 그리고 대전(10.6%)의 순으로 이용하고 있었다(〈그림 1〉).

〈그림 1〉 보훈병원 지역별 이용현황(2020년)(단위: 명)

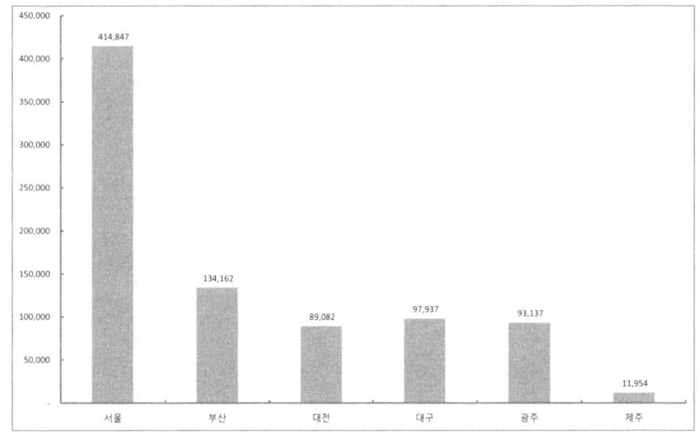

출처: 국가보훈처. (2021), "보훈연감 2020", 세종: 국가보훈처.

한편, 위탁병원의 지역별 분포와 보훈대상자들의 거주 지역 분포 현황을 매칭해 본 결과, 양적인 측면만 분석해 보았을 때 보훈대상자들의 지역별 분포와 위탁병원의 분포 추이가 비슷한 양상으로 나타났다(〈그림 2〉). 뿐만 아니라 정부 예산 대비 보훈 예산의 규모가 다소 감소되고 있는 추이를 보이고 있음에도 보건의료복지 예산 중 위탁병원진료에 대한 지원금은 증가하고 있다〈표 3〉. 전년대비 증감률을 분석한 결과 코로나의 영향을 크게 받았을 2020년도를 제외하면 보훈병원 진료 지원금이 감소하였거나 증가폭이 작은 시점에도 위탁병원 진료 지원금은 증가 양상을 보였다.

즉 위탁병원의 양적 확대뿐 아니라 재정적 지원도 적극적으로 이루어지고 있음에도 불구하고 단편적인 진료인원 수 비중만 보면 서울지역 보훈병원의 진료인원이 다른 지역에 비해 집중되어 있다는 것은 주목할 점이다.

〈그림 2〉 **지역별 위탁병원, 보훈대상자 분포 현황**(단위: 개소, 명)

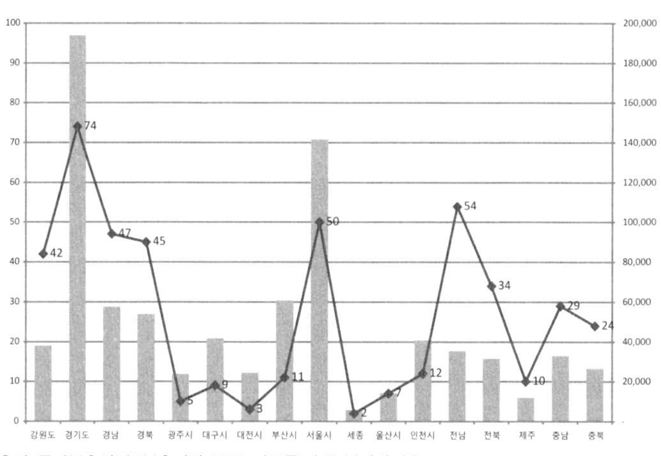

출처: 국가보훈처의 「보훈연감 2020」 자료를 가공, 분석하였음.

〈표 3〉 정부 지원금 현황(예산)(단위: 억 원)

구분	2017	2018	2019	2020	2021
정부 예산	2,750,104	3,014,172	3,317,770	3,565,686	3,808,509
보훈 예산	47,777	53,186	53,463	55,077	56,633
보훈의료복지 지원	5,916	7,402	6,981	6,632	6,725
-보훈병원진료	3,446	4,557	4,096	3,817	3,855
-위탁병원진료	2,098	2,452	2,479	2,268	2,350

출처: 국가보훈처. (각 연도), "보훈예산현황(총계)", https://www.mpva.go.kr/mpva/selectBbsNttList.do?bbsNo=50&key=176(2021/10/5).

(3) 보훈대상자들의 보훈의료이용에 만족도

2018년 「국가보훈대상자 생활실태 조사」 결과에 따르면, 해당 연도로부터 1년 이내 주로 이용한 의료기관의 1순위는 보훈병원 또는 위탁병원이 아닌 '일반병의원(국공립 포함)'(60.7%)이었다(국가보훈처, 2018). 다수의 응답자들이 '일반병의원'을 이용하는 이유는 '교통편이성(접근성 등)'(43.4%) 때문이라고 응답하였다. 선호하는 의료기관에 대해서도 같은 양상의 결과를 확인할 수 있었다. 보훈병원 또는 위탁병원을 이용하였거나 선호한다고 응답한 경우, 그 이유가 '저렴한 진료비' 때문이라고 응답하였다.

그럼에도 불구하고 2018년 조사 시점에서 1년 이내 지출한 의료비에 대한 부담감을 조사한 결과, '부담이 되지 않는다'(40.8%)와 '부담이 된다'(38.2%)의 응답 비중에 큰 차이는 없었다. 또한 진료비 부담 때문에 치료 포기 경험이 있다고 응답한 비중이 45.1%로 의료비에 대해 부담을 느끼는 비중이 적지 않았다.

전반적으로 예산 반영, 위탁병원의 확대, 국비 또는 감면 대상자 확대 등에서 정책적인 지원을 지속해 오고 있음에도 불구하고, 의료 이용의 편이성(접근성), 진료비 부담에 대한 측면에서 보훈대상자들의 보훈의료 이용에 대한 경험이 만족스럽지 못한 것으로 확인되었다.

2) 보훈의료 체계의 문제점

보훈의료 체계의 현황을 살펴본 결과에 따라 크게 세가지 문제점을 다음과 같이 제시할 수 있다.

첫째, 보훈대상자의 고령화와 건강 악화로 인한 의료비 지출 부담 증가

둘째, 보훈병원-위탁병원 간 비효율적 운영으로 인한 의료 질 저하 우려

셋째, 보훈대상자들의 보훈의료 이용에 대한 불만족

(1) 보훈대상자의 고령화와 건강 악화

〈표 1〉에서 살펴본 것과 같이 65세 이상 노인 인구의 비율이 전체 인구 집단보다 보훈대상자들에서 더 높게 나타나고 있고, 보훈대상자의 고령화 수준이 더 높은 편이다. 게다가 보훈대상자들의 대다수가 만성질환을 앓고 있음에 따라 적절한 방법으로 적시에 치료가 이루어지지 않을 경우 의료비는 급증할 수밖에 없다. 특히 만성질환은 급성질환과는 달리 사전적 예방이 중요하면서도, 일단 질병에 이환된 이후에는 지속적인 임상적 관리가 필요한 질환이다. 그리고 보훈대상자들은 일반 환자와 달리 정신적인 트라우마를 가지고 있는 경우가 많아 신체 질환을 잘 치료받아야 할 뿐만 아니라 정신적 트라우마를 해소하기 위한 의료적 개입도 필요하다. 이미 보훈대상자들의 입원 재월일수는 일반 국민들에 비해 두 배 이상 높은 실정이다. 전체 보훈대상자들의 고령화 수준이 높아지고 있는 상황에서 대다수의 보훈대상자들이 만성질환을 보유하고 있다는 것은 향후 이들에 대한 의료비 부담의 증가로 이어질 가능성이 높음을 시사한다.

(2) 보훈병원-위탁병원 간 비효율적 운영

2019년도 국정감사 결과 보고서(국회 정무위원회, 2020)에 따르면, 지리적 접근성을 이유로 보훈대상자들이 보훈병원과 일반 병의원을 동시에 이용하고 있으며 이에 따른 중복·과다진료 등의 문제가 발생함을 지적한 바 있다. 2020년 의료법 개정으로 보훈병원이 일반 병의원과 진료 정보를 공유할 수 있는 법적 근거를 마련하고 관련 시스템도 구축하고 있는 중이지만(서경화, 2020a), 이 문제는 일반 병의원에만 국한된 것은 아니다.

보훈의료 체계에서는 보훈대상자들이 거주 지역에서 근거리 접근이 용이하도록 위탁병원을 지정하고 질병의 중증도* 또는 전문 진료의 필요성 정도에 따라 지역보훈병원 혹은 중앙보훈병원에서 진료를 받음으로써 효율적인 의료 서비스 이용이 이루어지도록 보훈의료 전달체계를 확립하였다. 이에 따라 위탁병원은 보훈병원의 지리적 한계를 보완해 주면서 보훈병원으로 환자들이 집중되는 것을 완충하는 역할을 해야 한다. 그러나 앞서 살펴본 바와 같이 지역별로 위탁병원 지정이 확대되고 있고, 위탁

* 질병의 중증도(severity of illness, SOI) : 환자의 기관계 장애 또는 교란, 생리학적 대상부전(심장이 몸에 필요한 혈액을 제대로 공급하지 못하는 상태)로 정의함. '경증, 중등도, 중증, 최중증'으로 분류하고 있다. SOI 분류는 병원 자원 사용을 평가하거나 환자 진료 지침을 수립하는 데 기반을 제공하기 위한 것이다(Wikipedia, 2020).

병원 진료에 대한 정부지원금이 증가하고 있음에도 불구하고 서울 중앙보훈병원으로의 진료 집중 문제는 해소되지 않았다.

특히 위탁병원은 일종의 문지기(gatekeeper)로서 경증 보훈 환자들을 주로 진료하며, 중등도의 질병 또는 전문적 치료가 필요한 경우 지역 보훈병원으로 연계해주는 역할에 집중할 필요가 있다. 그러나 보훈의료 체계 내 보훈병원이 위탁병원과의 원활한 진료 연계나 협력을 유도할 수 있는 기전이 충분히 마련되어 있지 않아 현상적으로는 보훈의료 전달체계가 원활하게 운영되지 못하는 결과를 초래하게 되었다. 이는 곧 보훈대상자들에게 의료 제공자들이 얼마나 질 높은 의료 서비스를 제공할 수 있는지 정도를 결정하는 데 중요한 요인이 된다.

(3) 보훈대상자들의 보훈의료 이용에 대한 불만족

지속가능한 보건의료 체계를 유지하기 위해서 가장 중요한 부분이 바로 환자의 경험이라고 볼 수 있다. 환자의 경험은 환자 중심성(patient-centeredness)의 척도이며, 미국의학원(Institute of Medicine, IOM)에서 제안한 여섯 가지 보건의료 질 목표 중 하나로 본다(Aman et al, 2014). 즉 환자 경험을 향상시키면 환자 중심성을 촉진할 뿐 아니라 의료비용 절감, 의료의 질과 성과를 개선하는 데 긍정적인 영향을 주기 때문에 보건의료 체계의 지속가능성에 긍정적인 영향을 주는 요인이 된다. 이는 보훈의료 체계에서도 마찬가지로 적용된다고 볼 수 있다.

보훈대상자들은 보훈정책에 대해 80% 이상 불만족한 수준에 있는 상태이다(국가보훈처, 2018). 의료 지원 측면에서 보훈병원 또는 위탁병원을 선택하는 이유는 진료비 감면으로 인해 비용적인 혜택을 받는다는 점 때문이다. 그럼에도 불구하고 의료비 지출에 대한 부담을 느끼고 있고, 보훈대상자들 다수가 고령인구임을 감안할 때 여전히 보훈병원 또는 위탁병원에 대한 지리적 접근성에는 한계가 있어 보인다. 일반 환자군과 달리 보훈대상자들은 국가를 위해 헌신하고 희생한 것에 대해 자긍심은 크게 느끼고 있지만, 그에 부응하는 적절한 정책적 지원이 이루어지지 않기 때문에 그것이 결국 불만족으로 이어지고 있는 실정이다.

환자 경험에 관한 부분은 의료 서비스의 제공 환경과 더불어 비용, 질 등을 포함한 복합적인 요소에 의해 결정되기 때문에 환자경험이 어떤 방향으로 변화되느냐에 따라 보훈의료 체계가 안고 있는 문제의 달성 여부도 결정될 수 있을 것이다.

지금까지 제시한 보훈의료 체계의 세 가지 문제점은 결국 의료비용, 의료의 질, 환자 경험에 관한 문제로 요약할 수 있으며, 이들은 서로 연관되어 있기 때문에 독립적으로 해결하기보다 통합적으로 해결할 수 있는 대안이 필요하다. 따라서 이 글에서는 미국에서 시행하고 있는 책임의료 조직(Accountable Care Organization, ACO)을 대안으로 제시하고자 한다.

3. 책임의료조직의 개념과 특징

1) 등장 배경과 도입 목표

책임의료 조직(Accountable Care Organization, ACO)은 미국에서 처음 등장한 용어이다. 오바마 대통령 집권 당시 지속가능한 의료 체계 혁신을 위한 개혁 방안을 담은 「환자보호와 책임진료에 대한 법(Patient Protection and Affordable Care Act, PPACA)」을 제정하였고, 동법에서 ACO라는 용어를 처음 사용하였다.

미국에서는 행위별 수가제에 기반을 둔 지불 보상 체계가 의료 서비스의 질적인 측면보다 양적인 측면을 더 강조함에 따라 의료비 지출 규모를 증가시키는 요인이 된다고 보았다. 의료비 부담 증가뿐만 아니라 분절화된 의료 체계, 막대한 의료비 지출 대비 의료성과 부진이 미국 의료 체계의 핵심 문제점으로 제기되었다. 미국 보건당국은 이를 해결하고자 양보다 가치에 중점을 둔 의료 체계로 개혁하고자 다양한 시도를 지속해 왔다. 즉 ACO는 이러한 다양한 시도 끝에 산출된 결과물로서 의료비 절감과 양질의 의료 서비스 제공이라는 두 가지 정책 목표를 동시에 달성하고자 한 미국 의료혁신 모형의 대표적인 사례라고 볼 수 있다(서경화와 이선희, 2014).

미국은 ACO를 통해서 다음과 같은 세 가지 큰 목표를 달성하고자 하였다(LaPointe J, 2019; MedPAC, 2020). 첫째, 통합의료 제공 및 질을 개선하고, 둘째, 메디케어 보험 수혜자들의 경험을 향상함으로써 그들이 선택한 의료 제공자에게 지속적으로 서비스 받도록 하며, 셋째, 불필요한 의료 서비스의 감소로 의료비용을 절감하는 것이다.

2) 개념

ACO는 메디케어 보험 수혜자들에게 조정된(coordinated), 양질의 의료 서비스를 제공하기 위해 자발적으로 형성된 조직으로서 의사, 병원, 그 외 의료 제공자들의 집단을 일컫는다(CMS, 2021a). 법적으로 "정해진 기준에 부합하는 서비스 제공자 및 공급자들의 집단으로서, ACO를 통해 메디케어 행위별 수가 지불 대상 수혜자들을 관리 및 통합의료 제공을 위해 함께 일하는 것"을 의미한다고 정의하고 있다(PPACA Sec 3022). 즉, ACO는 의사를 포함하여 의료 분야와 관련된 서비스 제공자들이 자발적으로 형성한 하나의 조직으로서 메디케어 보험 수혜자들을 대상으로 통합되고 조정된 의료 서비스를 제공하는 역할을 가지게 된다.

3) 특징

ACO를 특징짓는 대표적인 두 가지가 있다. 하나는 행위별 수가제의 대체적 지불 방식인 '가치 기반 지불 방식(Value-Based Payment, VBP)'이고, 다른 하나는 통합의료, 조정된 의료로 일컬어지는 'Coordinated care'이다.

(1) 가치 기반 지불 방식 - 메디케어 절감분 공유 프로그램

ACO를 통해 추구하는 목표를 달성하기 위해서는 ACO 조직 자체로서의 개념보다 더 중요한 것이 바로 지불 체계의 운영 방식이다. ACO는 단지 기존 미국 내 의료 문제점들을 해결하고자 도입된 통합의료 서비스 제공 모형을 운영하는 조직의 한 형태에 불과하다. 실질적으로는 행위별 수가제의 대체적 지불제도(또는 가치기반 지불제도)로서 '메디케어 절감분 공유 프로그램(Medicare Shared Savings Program, MSSP)'을 운영하는 것이 핵심이라고 할 수 있다.

MSSP는 비용의 절감과 더불어 양질의 의료 서비스를 제공하기 위한 핵심 장치라고 할 수 있고, MSSP에 참여하기 위해 ACO라는 조직의 형태로 보험자인 CMS(Center for Medicare and Medicaid Services)와 계약을 맺어야 한다. MSSP에 참여하기 위해 CMS와 계약을 맺을 때 ACO는 크게 두 가지 모형 중 하나를 선택할 수 있다. 그중 하나는 성과 달성 시 비용 절감분에 대해 인센티브(공유 절감분)를 받지만, 성과를 달성하지 못하더라도 패널티(공유 손실분)를 받지 않는 단측 모형(one-sided model)이다. 다른 하나는 성과 달성 시 비용 절감분을 인센티브로 받으면서 동시에 성과를 달성하지 못한 경우 손실에 대한 감내도 ACO가 부담해야 하는 양측 모형(two-sided model)이다. 후자의 경우 전자보다 인센티브의 비율이 더 높고, 해당 모형 내에서도 여러 가지 방식으로 계약을 함으로써 인센티브와 패널티 부담 비율에 차등을 두고 있다. 과거에는 두 가지 트랙 중 하나를 선택하도록 하였지만, 2019년 7월 1일부터 신규계약을 수립하는 ACO의 경우 'BASIC track(기본트랙)' 중 네 가지 옵션, 'ENHANCED track(강화 트랙)'의 한 가지 옵션 중 하나를 선택할 수 있다(CMS, 2019).

MSSP에 참여하는 ACO는 정해진 기준에 부합하는 비용절감과 질 향상을 동시에 달성할 경우, 절감된 비용을 인센티브로 받게 되고 그렇지 못한 경우 CMS와의 계약 형태에 따라 패널티를 적용 또는 미적용 받는다(CMS, 2021b). 이때 인센티브와 패널티를 산정하는 방식은 CMS에서 정한 기준에 따르며, ACO별로 CMS와의 계약 시 선택한 옵션에 따라 적용되는 비율이 상이하므로 산정 방식에 해당 비율을 적용하여 산출하게 된다. 인센티브와 패널티 모두 진료 수행에 대한 진료비 상환과 별도로 추가 산정되는 것이고, 인센티브의 경우 CMS에서 ACO에 제공하는 금전적 보상이고, 패널티는 초과된 비용을 ACO에서 CMS에 상환하는 것을 의미한다.*

* 참고로 CMS와 계약할 수 있는 대체적 지불제도에는 다양한 지불 계약형태가 있으나, 본고에서는 MSSP에 관해서만 기술하기로 한다. 이는 MSSP가

(2) 통합의료

ACO의 개념을 이해하기 위해 중요한 특징 중 다른 하나는 바로 '통합의료, 조정된 의료'라 일컫는 'coordinated care(이하 통합의료)'에 관한 것이다. 기존 미국 내 의료 체계의 문제점 중 '분절화된 의료 체계'를 해결하는 데 '통합의료'는 매우 중요한 역할을 한다고 볼 수 있다. 쉽게 말하자면, 분절화된 의료와 정반대되는 개념이라고 보면 된다. 분절화된 의료가 독립된 단일 의료 제공자에 의해 이루어진다면, 통합의료는 의료 제공자들 간 조정된 의료 서비스가 의사, 의료기관 등으로 이루어진 각 ACO내에서 통합적으로 이루어진다.

즉 ACO 운영에 있어서 통합의료라 함은 ACO 내에서의 의료 전달 체계를 체계적이고 효율적으로 운영하는 것이라고 볼 수도 있겠다. 통합의료는 미국 내에서 Care coordination, Integrated/Collaborative health services, Continuity of care와 같이 다양한

가장 표준적인 지불 계약형태이며, ACO의 운영방식을 가장 잘 설명해줄 수 있는 기본 개념을 포괄하고 있기 때문이다.
다양한 ACO 지불 계약형태에 대한 추가적인 사항은 '서경화, 장지은, 강태경, (2020), 미국 책임의료조직(ACO) 동향에 관한 연구, 서울: 의료정책연구소'를 참고하기 바란다.

용어로 언급되고 있다. WHO(2018)에서는 통합의료를 다음과 같이 정의하고 있으며, 통합의료를 일컫는 세 가지 용어에 공통적으로 '환자 중심, 지속성, 상호간의 조정'이라는 개념을 포함하고 있다(〈표 4〉).

〈표 4〉 통합의료에 대한 여러 가지 용어 표현과 정의

용어	정의
Care coordination	의료전문가와 제공자들을 한 데 모아 의료 서비스 이용자들의 요구를 충족시켜주기 위해 다양한 환경에서 통합된 개인 중심의 의료서비스를 받게 하도록 하는 사전 예방적 치료법
Integrated health services	인구 집단이 평생 동안 그들의 필요에 따라 지속적인 건강증진, 질병예방, 진단, 치료, 질병관리, 재활, 완화의료서비스를 받을 수 있도록 의료서비스가 제공되는 다양한 수준과 장소에 걸쳐 관리, 전달, 조정되는 보건의료서비스
Continuity of care	일련의 개별 의료 사건들이 시간이 지남에 따라 일관성 있고 건강 요구 및 선호도와 상호 연결되어 있는 것처럼 인구 집단이 경험하는 정도

출처: World Health Organization, (2018), "Continuity of care and coordination of care: a practice brief to support implementation of the WHO Framework on integrated people-centered health services", Geneva; WHO.

CMS(2021a)에 의하면, 통합의료는 "불필요한 서비스의 중복을 피하고 의료사고를 예방한다는 목표로 환자 특히 만성질환자들이 적시에 적절한 의료 서비스를 받을 수 있도록 도와준다"고 언급하였다. 각 ACO가 환자들에게 통합의료를 제대로 제공하기

위해서는 ACO를 구성하고 있는 의료 제공자들 간 소통이 잘 되어야 하며, 환자와 함께 의료 서비스에 대한 결정을 내릴 수 있는 기전이 잘 작동되어야 한다. 이와 관련하여 미국에서는 통합의료를 효율적으로 제공하는 데 있어 의료 정보의 공유를 위해 전자의무기록의 활용을 적극 권장하고 있고, 전자의무기록의 의미 있는 사용이 이루어질 경우 수가로 보상을 해주고 있다(김계현 등, 2020).

따라서 ACO가 통합의료를 잘 수행할 경우 질 향상과 비용절감을 동시에 이룰 수 있게 되고 환자들의 경험을 개선시키는 결과까지 달성할 수 있게 된다. 이 때문에 통합의료는 CMS에서 ACO를 통해 달성하고자 한 목표에 근접하는 데 필수적인 요건이라 할 수 있다.

4. 보훈의료 체계에 책임의료조직의 적용 가능성

현재 보훈의료 체계가 직면해 있는 문제점들은 과거 미국 내에서 ACO를 적용하기 전 제기된 문제점들과 정도와 수준의 차이는 있더라도 큰 틀에서는 다르지 않아 보인다. 인구의 고령화,

비효율적인 의료 서비스 제공체계 그리고 그로 인한 의료비용의 급증과 질 저하는 전 세계 모든 의료 체계에서 공통적으로 겪어 온 문제점이라고 해도 과언이 아니다. 서경화 등(2020b)의 연구에서는 "ACO에 대한 성공여부를 확신할 수 없으며 국내 도입가능성을 논의할 정도로 완성된 정책으로 보기 어렵다"고 언급한 바 있다. 그럼에도 불구하고 보훈의료 체계에 ACO의 적용 가능성을 고려해 볼 수 있음은, 보훈의료 체계가 우리나라 일반 보건의료 체계와는 조금 다른 특징을 가지고 있으며, 그에 따라 ACO 적용이 가능한 요소를 갖추고 있기 때문이다. 참고로 미국에서는 보훈부(Department of Veterans Affairs, VA)가 전국적으로 보훈대상 환자들에게 양질의 의료 서비스를 제공할 수 있는 인프라를 갖추고 있다는 점, 우수한 의료 서비스를 제공할 수 있는 의과대학 및 수련병원과 연계된 대규모 의료 센터 보유, 접근성이 떨어지는 지역에 거주하는 보훈대상자들의 의료 요구를 충족시켜주기 위해 지역사회 기반 외래 의원과도 연계되어 있다는 점에서 ACO와 유사한 형태라고 보고 있다(Nemeth A, 2015).

1) ACO 적용을 위해 갖추어야 할 요소

우선 CMS에서 ACO를 통해 '재정 절감분 공유 프로그램', '통합의료'를 실행하고자 할 때 필요한 요소로서 '의료 서비스를 제공할 의료 제공자 집단의 조직화(ACO)', '의료 서비스를 받을 정해진 인구 집단(메디케어 행위별 수가제 적용을 받는 보험 수혜자)' 그리고 '의료비용 절감, 질 향상, 환자 경험 향상이라는 변화를 추구하기 위한 동력'이 핵심 축이 되었다. 이를 보훈의료 체계에 적용해 보면 보훈의료 전달체계 내에서 ① 보훈의료 서비스를 제공하는 의료 제공자 집단이 형성되어 있고, ② 국민건강보험과 별개로 국비 또는 감면 적용을 받는 보훈대상자라는 특수 환자 집단이 있으며 무엇보다 ③ 앞서 문제점으로 제기한 것을 변화시키고자 하는 동력도 이미 보훈의료 체계 내부적으로 충분히 가지고 있다는 점에서 ACO 적용 가능성을 검토해 볼 만하다고 판단된다.

보훈의료 체계에서는 보훈의료 전달체계를 이루고 있는 의료 제공자 집단을 하나의 ACO로 간주하는 것이 좀 더 효율적으로 운영할 수 있는 방안으로 보인다. 현재 의사 그리고 의사 외에 보건의료 서비스를 제공하는 보건의료 제공자,* 보훈병원, 위탁병원까지도 ACO라는 테두리 안에 함께 포괄하는 것이 적절하다. 특히 보훈의료 전달체계를 운영하게 된 취지를 살려 위탁병원-지방 보훈병원-중앙 보훈병원 간의 진료 연계·협력 시스템을 효율적으로 운영하는 것이 목표를 달성할 수 있는 핵심이 될 수 있다. 다만 '재정 절감분 공유 프로그램'의 경우 국가의 예산 정책, 건강보험과의 연계성, 위탁병원과의 관계를 고려할 때 우리나라 환경에 그대로 적용하기에는 매우 민감한 부분이 있기 때문에 미국의 MSSP 시행 방식 중 일부만 차용하여 적용해 보는 것이 필요하겠다. 따라서 보훈의료 체계에 ACO를 적용할 때는 '통합의료'의 관점을 더 중점적으로 고려해 보는 것이 적절할 것이다.

2) 보훈의료 ACO 적용에 대한 가상설계

보훈의료 체계를 하나의 거대한 ACO로서 가상해 보면, CMS

---

* 보건의료 제공자 : 의사, 간호사, 약사, 의료기사, 영양사 등을 아우르는 보건의료인력을 일컬음.

의 역할을 보훈처 관계 부서 또는 한국보훈복지의료공단이 주도할 수 있을 것이고, ACO 조직으로 포괄할 의료 제공자 대상 기준을 명확하게 설정하는 것이 필요하다. 의료 제공자들 간 연계·조정된 의료가 통합적으로 이루어질 수 있는 작용기전도 마련해야 한다. 예컨대 보훈의료기관 간 보훈대상자에 대한 기본적인 정보와 의료 정보를 공유하고 소통할 수 있도록 정보 시스템 연동이 필요하다. 마지막으로 통합의료가 비용 면에서 효과적으로 이루어지고 있는지 의료 서비스 제공 과정과 성과를 주기적으로 평가할 수 있는 표준화된 척도 역시 필요하다. 이때 환자의 경험을 평가하는 실증적 조사를 질적 성과 측정 항목에 포함시킬 수 있다. 이 모든 것들은 보훈의료 체계 내 이해관계자들의 합의 하에 이루어져야 하며 보훈대상자들에게도 이에 관한 사항을 상세히 알려주는 것이 좋다. 또한 이 과정에서 보훈대상자들이 접근성, 적시성에 대한 한계에 직면하지 않도록 환자 중심적인 통합의료 제공 체계가 형성되는 것이 중요하다.

한편, 재정 절감분 공유 프로그램의 경우 미국의 보훈대상자들을 위한 지역사회 통합 의료 프로그램(Veteran Community Care Program, VCCP)(서경화, 2020c)에서와 같이 위탁병원 및 각 보훈병원 또는 일반 의료기관별로 진료를 받을 수 있는 보훈대상자 요건을 정하고 그에 부합하는 경우, 보훈병원 이외의 의료기관(위탁병원 포함)에서 보훈의료 전달체계와 협력·연계하여 의료 서비스 제공에 참여할 수 있는 요건을 정하고 그에 부합하는 경우 등에 한정하여 의료비 절감에 대한 재정적 인센티브/패널티 기준과 적용 여부를 명확하게 정할 수도 있다. 혹은 위탁병원에서의 중복·과다 진료를 예방하기 위해 기관 한정적으로 적용하는 것도 고려해 볼 수 있다. 그러나 앞서 언급하였듯이 재정적인 정책에 대해서는 민감한 부분이 있으므로 이에 대해서는 충분한 내부적 합의가 선행되어야 한다.

3) ACO적용을 통해 얻을 수 있는 이점

결과적으로 보훈의료 체계 내에 ACO와 같은 형태의 조직 운영과 통합의료 제공 체계를 마련한다면, 보훈대상자들의 의료요구에 따라 적절한 서비스를 적시에 받을 수 있도록 근거리 접근 가능한 위탁병원에서의 1차 진료 서비스 - 중증질환 중심 진료를 받을 수 있는 지방보훈병원에서의 2차 의료 서비스 - 고도의 전문 질환 진료가 가능한 중앙보훈병원에서의 3차 의료 서비스가 통합·연계되어 효율적으로 운영될 수 있을 것이다. 그 과정에서 지역별, 기관별로 보훈대상자의 적절한 분산이 이루어짐에 따라 서울 중앙보훈병원으로 집중되던 진료 적체 문제도 해소될 수 있다. 또한 환자에 대한 정보가 의료기관 간에 연계되어 의료 제공자들 간에 상호 소통·협력함으로써 보훈대상자들이 여러 의료기관을 중복 방문하거나 불필요한 의료 서비스를 제공받지 않도록 방지할 수 있는 기전이 마련된다. 뿐만 아니라, 1차 진료 서비스 단계에서 위탁병원이 문지기 역할을 함으로써 사전·예방적 진료, 건강 증진을 위한 의료 서비스 개입, 만성질환의 지속적인 관리 등이 광범위하게 이루어짐에 따라 건강한 보훈대상 인구 집단을 형성하는 데 기여할 수 있을 것이다. 궁극적으로 이러한 의료 체계가 잘 작동된다면 의료비 절감은 물론 의료의 질 향상과 더불어 환자들의 만족도도 향상될 수 있을 것이다.

5. 결론 및 시사점

지속적이고 급격한 의료 환경의 변화는 새롭고 다양한 문제들을 직면하게 할 뿐 아니라, 대부분의 문제점으로 제기된 것들은 여러 가지 요소들이 복잡하게 얽혀 있어 단편적으로 해소되기에 어려움이 있다. 예컨대 인구고령화, 만성질환의 증가로 인한 의료비 지출 부담 증가, 분절화된 의료 체계 내에서 의료의 질 저하, 의료 기술의 발전과 더불어 오히려 인간에 대한 불평등 심화와 존엄성 훼손 등의 문제들은 여전히 해결되지 못하고 있는 실정이다. 국내외에서 이를 해결하기 위한 정책적 노력이 지속적으로 이루어져 왔지만 방향성만 제시되고 있을 뿐 완벽한 변화나 개선은 여전히 기대하기 어려운 상황에 있다. 다만 2010년 즈음부터 통합의료의 필요성이 제기되었고, 각국에서 여러 가지 형태로 통합의료를 실현하고자 노력해 오고 있다.

그중 하나가 미국에서 시행된 ACO라 일컫는 책임의료 조직이며, 통합의료와 재정 절감분 공유 프로그램을 기반으로 재정적·질적 성과를 동시에 달성할 수 있는 작동기전을 가지고 있다. 미국에서는 2012년 PPACA법에 근거하여 ACO가 형성되기 시작한 지 10여 년이 지난 시점에서 이미 ACO의 정책적 효과에 대한 논의들이 다양하게 이루어져 왔다. 그리고 MSSP에 참여한 ACO는 시행 초기에 비해 재정적 절감 수준이 지속적으로 높아지고 있으며, 질적·재정적 성과를 동시에 달성하여 재정적 인센티브를 받은 ACO도 증가하고 있는 것으로 보고되고 있다(서경화 등, 2020b; CMS, 2021c).

이 글에서는 보건의료 체계에서와 같은 문제에 직면해 있는 보훈의료 체계의 문제점들을 해결하는 방법으로 ACO의 적용 가능성을 검토해 보았다. 앞서 보훈의료 체계의 문제점으로 '보훈대상자의 고령화와 건강 악화로 인한 의료비 지출 부담 증가, 보훈병원-위탁병원 간 비효율적 운영으로 인한 의료 질 저하 우려, 보훈대상자들의 보훈의료 이용에 대한 불만족'을 지적한 바 있다. 기존 연구에서도 보훈대상자의 고령화로 인한 의료비 증가, 보훈병원-위탁병원 간 협력·연계 미흡으로 인한 의료의 질 저하, 서울 중앙보훈병원의 진료적체 등을 문제점으로 제시하고 있었다(신은숙, 2018; 박운제, 2020; 정태영, 2020).

보훈의료 체계가 직면한 문제점을 해결하는 데 ACO의 적용 가능성을 검토한 결과, 재정 절감분 공유 프로그램의 적용에 관한 부분을 제외하면 현재 미국 내에서 운영하는 ACO와 흡사한 형태로 적용함으로써 문제점 해소와 더불어 지속가능한 보훈의료 체계를 실현하는 데 유용한 방향을 산출할 가능성이 있어 보인다. 재정 절감분 공유 프로그램을 적용하는 것은 여러 가지 민감한 사안들이 연계되어 있어 미국 ACO의 형태 그대로 적용하는 것에는 어려움이 있을 듯하다. 다만, 재정적 인센티브를 제공하는 것에 대한 이해관계자들 간 합의가 충분히 이루어진다면 이후 구체적인 실행 방법에 대해서 논의해 봄직하다. ACO를 보훈의료 체계에 적용함으로써 더 효율적으로 보훈의료 전달체계를 운영할 수 있고, 보훈대상자들은 비용-효율적인 의료 서비스를 제공받을 수 있다. 특히 통합의료에 중점을 둠으로써 의료제공자들 간 연계·조정된 의료 서비스를 통합적으로 받을 수 있고, 이에 따라 만성질환의 지속적 관리와 더불어 사전·예방적 진료, 건강 증진을 위한 의료 서비스 제공 행태가 자리 잡으면 의료비 절감, 양질의 의료 서비스 제공, 건강한 보훈대상자 인구집단을 형성하는 데 기여하게 될 것이다.

한편, 10여 년 전부터 보훈의료복지통합서비스(Bohun-THIS)가 운영되고 있는데, 이는 '예방-치료-재활-요양-재가-임종'서비스와 지역사회 자원을 연계하여 맞춤형 서비스를 통합적으로 제공하는 것을 의미하며, Bohun-THIS 대상자에서 의료비와 의료이용량이 유의미하게 감소했다는 유의미한 연구 결과가 발표된 바 있다(구길환 등, 2021). ACO는 의료 서비스 제공 행태에서 가치에 더 중점을 두는 방향으로 적용하고 있으며, 동일하게 통합의료를 제공하고 있지만 Bohun-THIS에 비해 의료 서비스에 국한된 서비스 모형이다. 두 모형 간 운영 방식에 다소 차이가 있을지라도 궁극적으로는 Bohun-THIS내에서 ACO 운영 가능성을 함께 검토한다면 의료뿐 아니라 복지, 재활에 이르기까지 더 큰 범위로 확장·연계도 가능할 것이다.

최근 CMS에서는 COVID-19 팬데믹 상황에서 ACO는 빠르게 원격진료로 전환할 수 있었을 뿐 아니라 팬데믹으로부터 발생하는 문제들의 전 영역을 해결할 수 있도록 팀 기반 서비스를 제공할 수 있다고 언급한 바 있다(CMS, 2021c). 즉 ACO는 팀 기반의 의료 서비스 제공 협력 체계를 갖추고 있기에 급변하는 의료 환경의 변화에도 빠르게 대응할 수 있다는 점은 주목할 만하다. ACO는 단지 미국에서 시도한 정책적 모형의 하나로서, 현재 직면하고 있는 문제점의 완벽한 정답이라고 할 수는 없지만, COVID-19 이후 낯선 의료 환경에서 살아가는 지금은 ACO를 참고로 하면서 지속가능한 보훈의료 체계를 정립하고 실현할 수 있는 현실적인 방안을 고민할 때이다. 따라서 향후 보훈의료 체계에서 일어나는 변화의 방향을 정확히 파악하고 대응할 수 있는 여러 가지 정책적 시도를 지속적으로 적용해 봄으로써 최선의 대안을 찾아낼 수 있을 것으로 기대한다.

공공의료와 보훈의료

한진옥_ 경기도공공보건의료지원단

1. 들어가는 글

2020년 1월 20일, 국내에서 첫 코로나19 확진자가 발생한 이후 우리는 예상치 못했던 신종감염병과의 전쟁을 치르고 있고, 지금 이 순간도 코로나19와 함께하는 일상으로 채워지고 있다. 이 년 가까운 시간 동안 온 국민은 감염병 확산 방지를 위하여 개인방역수칙과 사회적 거리두기를 실천하고 있고, 보건의료계에서는 코로나19의 역학조사부터 확진자 치료까지 전방위적인 대응을 지속하고 있다. 뿐만 아니라 우리 사회 전체가, 전 세계가 코로나19와의 전쟁을 계속하고 있다.

코로나19는 우리 삶을 많은 부분을 변화시키고 있다. 가깝게는 일상생활에서부터 많은 변화가 있었다. 사회적 거리두기가 지속되면서 오랜 기간 동안 5인 이상 집합 금지, 카페에서 취식 금지와 같이 전에 없던 일상생활의 제약이 있기도 하였다. 실제

조사에서도 “배달음식 주문 빈도 증가”라든가 “집에서 직접 요리해 먹는 빈도 증가” 등 식습관과 신체 활동과 관련된 항목에서 큰 변화가 있었다(한국건강 증진개발원, 2021).*

〈그림 1〉 코로나19 이후 생활 변화

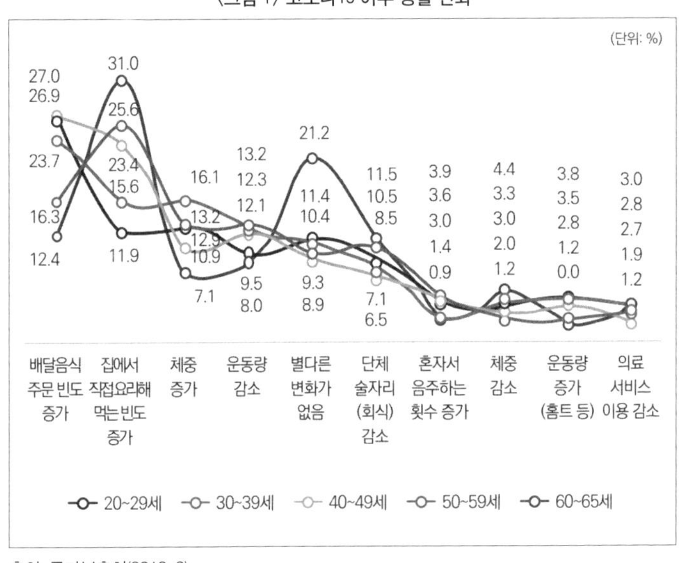

출처: 국가보훈처(2010: 3)

* 한국건강 증진개발원, 『2020년 한국건강 증진개발원 코로나19 대응 백서』, 서울: 한국건강 증진개발원, 2021.

코로나19로 인한 변화는 일상생활에만 그치지 않았다. 우리 사회의 취약한 고리를 맹렬하게 공격하고 파고들었던 코로나19는 교육, 돌봄, 복지, 의료 등 다양한 체계 내에서의 공백들을 수면 위로 드러내는 계기가 되기도 하였다. 보건의료와 관련된 분야만 살펴보아도 그 사례들은 어렵지 않게 기억해낼 수 있을 것이다. 응급의료부터 일상적인 건강관리의 영역까지 코로나19의 부수적 피해(collateral damage)라고 일컫는 사례들이 속속들이 발생하였다.

이러한 의료 공백은 특히 의료취약계층에게 더 짙은 그림자를 드리웠다. 쪽방촌 주민이나 노숙인, 이주노동자 등과 같은 사회적 취약계층은 의료기관의 멸시와 차별, 의료비 부담 등으로 인하여 평시에도 적은 수의 공공병원에 절대적으로 의존하고 있는 상황이었는데, 코로나19 이후 더욱더 심각한 사태에 이르렀다는 사실이 여러 통로를 통해 지적된 바 있다(코로나19 의료공백 인권실태조사단, 2020).*

이렇듯 코로나19로 인해 발생하는 의료 공백 문제들은 '공공

* 코로나19 의료공백 인권실태조사단, 『코로나19 의료공백 인권실태조사보고서』, 서울: 코로나19 의료공백 인권실태조사단, 2020.

의료'에 대한 전 국민적인 관심 증가로도 이어졌다. 공공병원이 코로나19 최일선에서 확진자 치료와 선별진료소 운영, 코로나19 백신예방접종 센터, 생활치료 센터 운영 등 다양한 역할을 수행하며 명실공히 '안전망'으로서의 기능을 다하였고, 그 과정에서 공공의료 강화라는 주제가 떠올랐다. 보건의료계뿐만 아니라 일반 시민들도 공공의료 강화라는 담론에 목소리를 더하기 시작했다.

우리나라의 공공의료기관은 전국에 221개가 설치·운영되고 있는데, 이는 전체 의료기관의 5.5%에 불과하며, 병상으로 치면 전체의 9.6%에 불과하다.* 민간의료기관이 차지하는 비율이 매우 큰 우리나라는 민간의료기관 역시 의료의 공공성을 실현하고, 공적인 역할을 수행할 수 있도록 하는 것이 핵심이라 할 수 있지만, 여전히 그 수 자체가 적은 공공의료의 확충은 필수불가결한 것이라 할 수 있다. 그나마 운영되고 있는 221개의 공공병원들도 15개의 관계 법령에 따라 8개의 정부 부처에 분산되어 유기적인 공공보건의료 전달체계를 구축하는 것은 어려운 실정이다.

* 국민건강보험공단, 『2019 보건의료건강보험 주요통계』, 강원: 국민건강보험공단, 2019.

〈표 1〉 **소관부처별 공공의료기관 현황**(2019.12.31. 기준)

<table>
<tr><th>유형</th><th>소관부처</th><th>개소</th><th>의료기관 종별 기관 수</th></tr>
<tr><td>국립대학교병원(23)</td><td>교육부</td><td>23</td><td>병원(1), 종합병원(4), 상급종합병원(11), 치과병원(6), 한방병원(1)</td></tr>
<tr><td rowspan="3">특수병원(11)</td><td>보건복지부</td><td>2</td><td>국립암센터(1), 국립중앙의료원(1)</td></tr>
<tr><td>대한적십자사</td><td>7</td><td>병원(3), 요양병원(1), 종합병원(3)</td></tr>
<tr><td>과학기술정보통신부</td><td>2</td><td>한국원자력의학원(2)</td></tr>
<tr><td rowspan="3">공단 소속 병원(17)</td><td>국가보훈처</td><td>6</td><td>한국보훈복지의료공단(병원 1, 종합병원 5)</td></tr>
<tr><td>보건복지부</td><td>1</td><td>국민건강보험공단(종합병원 1)</td></tr>
<tr><td>고용노동부</td><td>10</td><td>근로복지공단(병원 3, 요양병원 1, 종합병원 6)</td></tr>
<tr><td rowspan="2">지방의료원(36)</td><td>지방자치단체</td><td>30</td><td>병원(7), 종합병원(23)</td></tr>
<tr><td>보건복지부(경기도)</td><td>6</td><td>종합병원(6)</td></tr>
<tr><td>지자체병원(103)</td><td>지방자치단체</td><td>103</td><td>의원(1), 요양병원(85), 병원(13), 치과병원(1), 한방병원(1), 종합병원(2)</td></tr>
<tr><td rowspan="5">중앙정부 소속병원(31)</td><td>국방부</td><td>19</td><td>병원(18), 종합병원(1)</td></tr>
<tr><td>경찰청</td><td>1</td><td>종합병원(1)</td></tr>
<tr><td>법무부</td><td>1</td><td>요양병원(1)</td></tr>
<tr><td>보건복지부</td><td>9</td><td>요양병원(2), 병원(7)</td></tr>
<tr><td>국토교통부</td><td>1</td><td>병원(1)</td></tr>
</table>

출처: 국민건강보험공단(2019)

여기서 국가보훈처 소관인 보훈병원의 경우, 보훈대상자와 그 가족을 대상으로 하는 특수목적을 가지고 설립된 병원으로서, 그 단독으로도 의료전달 체계를 구축하고 있으며 공공의료의 강화를 위한 다양한 시도들이 이루어지고 있다. 이 글에서는 최근 더욱더 활발해지고 있는 공공의료 강화의 움직임을 살펴보고,

그 안에서 보훈의료와 맞닿아 있는 부분을 살펴봄으로써, 현재의 보훈의료 체계가 보훈을 넘어 공공의료 체계로 확대될 수 있는 방향을 살펴보고자 한다.

2. 국가적 차원의 공공의료 강화 움직임

1) 공공의료란 무엇인가

우리가 보훈의료 체계와 함께 논의할 공공의료란 무엇일까? 「공공보건의료에 관한 법률」에서 정의하는 공공보건의료의 정의에 대해 살펴보도록 하자. 공공보건의료에 관한 법률 제2조에는 "공공보건의료란 국가, 지방자치단체 및 보건의료기관이 지역·계층·분야에 관계없이 국민의 보편적인 의료 이용을 보장하고 건강을 보호·증진하는 모든 활동"이라 정의하고 있다.* 요약하면, 기존의 '공공의료기관 혹은 공공병원'으로 제한되어 이해

* 국가법령정보센터, 『공공보건의료에 관한 법률』, 세종: 국가법령정보센터, 2021.

되었던 공공의료의 주체가 확장되었고, 취약계층이나 취약분야에 대한 서비스로 해석되었던 공공의료의 범위와 영역을 확장하여 인식하자는 것이 주된 내용이라 할 수 있다.

〈표 2〉 공공보건의료에 관한 법률

공공보건의료에 관한 법률 (약칭: 공공보건의료법)

[시행 2020. 6. 4.] [법률 제16727호, 2019. 12. 3., 일부개정]
보건복지부(공공의료과), 044-202-2533

제1장 총칙

제1조(목적) 이 법은 공공보건의료의 기본적인 사항을 정하여 국민에게 양질의 공공보건의료를 효과적으로 제공함으로써 국민보건의 향상에 이바지함을 목적으로 한다.

제2조(정의) 이 법에서 사용하는 용어의 뜻은 다음과 같다.〈개정 2015. 1. 28., 2016. 2. 3.〉

1. "공공보건의료"란 국가, 지방자치단체 및 보건의료기관이 지역 · 계층 · 분야에 관계없이 국민의 보편적인 의료 이용을 보장하고 건강을 보호 · 증진하는 모든 활동을 말한다.
2. "공공보건의료사업"이란 다음 각 목의 사업을 말한다.
   가. 보건의료 공급이 원활하지 못한 지역 및 분야에 대한 의료 공급에 관한 사업
   나. 보건의료 보장이 취약한 계층에 대한 의료 공급에 관한 사업
   다. 발생 규모, 심각성 등의 사유로 국가와 지방자치단체의 대응이 필요한 감염병과 비감염병의 예방 및 관리, 재난으로 인한 환자의 진료 등 관리, 건강 증진, 보건교육에 관한 사업
   라. 그 밖에 국가가 관리할 필요가 있는 보건의료로서 보건복지부령으로 정하는 사업
3. "공공보건의료기관"이란 국가나 지방자치단체 또는 대통령령으로 정하는 공공단체(이하 "공공단체"라 한다)가 공공보건의료의 제공을 주요한 목적으로 하여 설립 · 운영하는 보건의료기관을 말한다.
4. "공공보건의료 수행기관"이란 다음 각 목의 보건의료기관을 말한다.

가. 공공보건의료기관
나. 제13조에 따른 의료취약지 거점의료기관
다. 제14조에 따른 공공전문진료센터
라. 제16조 제2항에 따라 보건복지부장관, 특별시장 · 광역시장 · 도지사 · 특별자치도지사(이하 "시 · 도지사"라 한다) 또는 시장 · 군수 · 구청장(자치구의 구청장을 말한다. 이하 같다)과 협약을 체결한 의료기관
5. "공공보건의료 전달체계"란 국가 또는 지방자치단체가 제7조 제1항 각 호의 사항을 제공하기 위하여 다음 각 목의 보건의료기관 간의 역할 수행 체계를 구축하는 것을 말한다.
가. 「국립중앙의료원의 설립 및 운영에 관한 법률」에 따른 국립중앙의료원
나. 「서울대학교병원 설치법」에 따른 서울대학교병원 및 「국립대학병원 설치법」에 따른 국립대학병원
다. 권역별로 설치 · 운영되며, 보건복지부장관이 지정하는 보건의료기관
라. 「지방의료원의 설립 및 운영에 관한 법률」에 따른 지방의료원

제3조(국가와 지방자치단체의 의무) ① 국가와 지방자치단체는 공공보건의료를 강화하기 위하여 공공보건의료사업을 추진하여야 한다.
② 국가와 지방자치단체는 공공보건의료사업을 원활하게 추진하기 위하여 충분한 수의 공공보건의료 수행기관을 확보하여야 한다.
③ 국가와 지방자치단체는 공공보건의료기관이 양질의 의료서비스를 제공할 수 있도록 「의료법」 제2조 제1항에 따른 의료인의 확보에 필요한 시책을 시행할 수 있다. 〈신설 2018. 3. 13.〉
④ 국가와 지방자치단체는 공공보건의료사업 및 공공보건의료 전달체계 구축 · 운영을 추진하기 위한 재원을 확보하여야 하며, 공공보건의료 수행기관에 대하여 필요한 재정적 · 행정적 지원을 할 수 있다. 〈개정 2016. 2. 3., 2018. 3. 13.〉

출처: 국가법령정보센터(2021)

2) 공공의료 강화를 위한 국가의 노력들

이전부터 공공의료 강화의 필요성은 계속해서 지적되어 왔지만, 이번 코로나19를 경험하면서 '공공의료 강화'를 위한 다양한

움직임과 목소리가 더 크게 터져 나왔다. 오랜 시간 동안 중앙정부를 중심으로 공공의료 강화를 위한 여러 정책들이 수립·이행되어 왔으며, 주요한 맥락을 짚어보면 다음과 같다.

2005년 참여정부에 들어서면서 공공의료기관을 30%까지 확충하겠다는 인프라의 양적 확대를 담고 있는 「공공보건의료 확충 종합대책」이 수립되었으며, 이 계획의 일환으로 지역거점병원을 육성하는 등의 공공보건의료 인프라 강화가 추진되었다. 이후 신포괄수가제가 시범 도입되었고(2012), 진주의료원 폐쇄(2013), 메르스 사태(2015) 등을 계기로 공공의료에 관한 관심이 제고되었다. 그리고 「공공보건의료에 관한 법률」(2012년 2월 개정)에 의거하여 2016년 「제1차 공공보건의료 기본계획(2016~2020)」이 수립되었다.*

2016년 「제1차 공공보건의료 기본계획(2016~2020)」이 수립·공표되면서 국가 단위에서의 공공보건의료 강화를 위한 다양한 전략들이 만들어지기 시작하였다. 이를 기점으로 보건의료 내외의 여건 변화에 대응하고 추가 대책 필요성에 따라 관련한 대책

---

* 보건복지부, 『필수의료의 지역 격차 없는 포용국가 실현을 위한 공공보건의료 발전 종합대책』. 오송: 보건복지부, 2018.

들이 계속해서 마련되고, 추진되어 왔다.

〈표 3〉 최근 공공보건의료 대책 주요 내용

연도	내용
2005년	공공보건의료 확충 종합대책
2012년	「공공보건의료에 관한 법률」 개정
2016년	제1차 공공보건의료 기본계획(2016~2020)
2018년	공공보건의료 발전 종합대책
2019년	지역의료 강화 대책
2020년	공공의료체계 강화 방안
2021년	제 2차 공공보건의료 기본계획(2021~2025)

출처: 보건복지부(2021: 6) 재가공

2017년, 문재인 정부 출범 이후 '의료 공공성 강화'가 국정과제로 선정되면서 민-관 합동 '공공보건의료발전위원회'가 발족하였다. 여러 과정을 거쳐 2018년 발표된 「공공보건의료 발전 종합대책」은 여러 가지 의의가 있다.

무엇보다 공공보건의료에 관한 법률에서 제시하고 있는 공공보건의료의 개념을 충실히 적용하고 있으며, 이전까지는 공공보건의료 인프라의 양적 확충을 강조하였다면, 이번 종합대책의 경우 공공보건 전달체계의 효과성과 질적 수준을 높이고자 하였다. 공공보건의료 발전 종합대책은 '필수의료의 지역 격차 없는 포용국가 실현'이라는 비전을 가지고 있으며, 이를 달성하기 위한 네 가지 영역의 핵심과제를 제시하고 있다. 1) 지역 격차 해소를 위한 공공보건의료 책임성 강화, 2) 필수 의료 전 국민 보장 강화, 3) 공공보건의료 인력 양성 및 역량 제고, 4) 공공보건의료 거버넌스 구축이라는 4대 분야를 달성하기 위한 과제를 제시하고 있다.

이때 '책임의료기관'의 개념이 도입되었고, 필수 중증의료 강화, 공공의료인력 양성, 중앙과 지방의 공공보건의료 거버넌스 구축 등이 제시되었는데, 이는 이후의 공공의료와 관련된 국가 정책에서도 핵심적으로 이어지고 있는 것을 확인할 수 있다.

〈그림 2〉 공공보건의료 발전 종합대책(2018) 발전과제

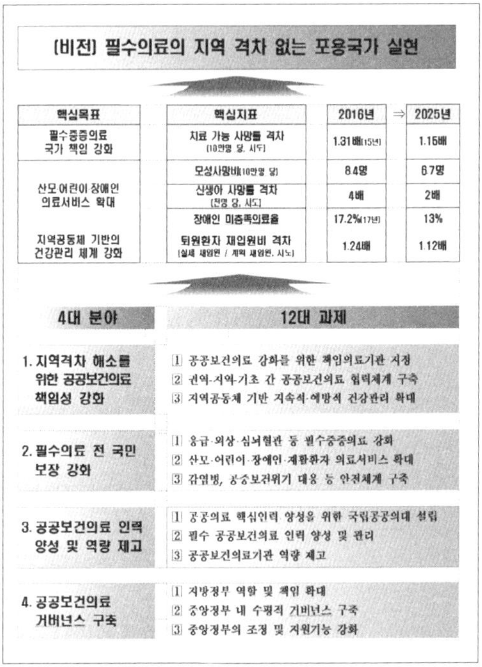

(비전) 필수의료의 지역 격차 없는 포용국가 실현

핵심목표	핵심지표	2016년	⇒ 2025년
필수중증의료 국가 책임 강화	치료 가능 사망률 격차 (10만명 당, 시도)	1.31배(15년)	1.15배
산모·어린이·장애인 의료서비스 확대	모성사망비(10만명 당)	8.4명	6.7명
	신생아 사망률 격차 (천명 당, 시도)	4배	2배
	장애인 미충족의료율	17.2%(17년)	13%
지역공동체 기반의 건강관리 체계 강화	퇴원환자 재입원비 격차 (실제 재입원 / 기대 재입원, 시도)	1.24배	1.12배

4대 분야	12대 과제
1. 지역격차 해소를 위한 공공보건의료 책임성 강화	[1] 공공보건의료 강화를 위한 책임의료기관 지정 [2] 권역-지역-기초 간 공공보건의료 협력체계 구축 [3] 지역공동체 기반 지속적·예방적 건강관리 확대
2. 필수의료 전 국민 보장 강화	[1] 응급·외상·심뇌혈관 등 필수중증의료 강화 [2] 산모·어린이·장애인·재활환자 의료서비스 확대 [3] 감염병, 공중보건위기 대응 등 안전체계 구축
3. 공공보건의료 인력 양성 및 역량 제고	[1] 공공의료 핵심인력 양성을 위한 국립공공의대 설립 [2] 필수 공공보건의료 인력 양성 및 관리 [3] 공공보건의료기관 역량 제고
4. 공공보건의료 거버넌스 구축	[1] 지방정부 역할 및 책임 확대 [2] 중앙정부 내 수평적 거버넌스 구축 [3] 중앙정부의 조정 및 지원기능 강화

출처: 보건복지부(2018: 10)

바로 다음 해인 2019년에는 '지역의료 강화 대책'이 발표되었고, 공공보건의료 발전 종합대책과 맥을 같이하여 지역 우수병원 육성, 공공병원 확충 계획과 지역 필수의료 협의체 운영 등을 강조하였다. '어디서나 안심하고 이용하는 필수의료 서비스'라는 비전으로 1) 지역의료 자원 육성, 2) 지역의료 협력 활성화를

전면으로 내세운 바 있다.

코로나19로 공공의료에 대한 관심이 커졌던 2020년에는 감염병 등 필수의료 인프라 확충과 공공병원 신축 예비타당성조사 면제 및 제도 개선, 지역 책임병원 육성 계획 등이 포함된 '공공의료체계 강화 방안'이 발표되었다.

3) 제2차 공공보건의료 기본계획(2021~2025)*

2021년 6월, 공공의료에 대한 전 국민의 관심도가 치솟고 있을 때 '제2차 공공보건의료 기본계획'이 발표되었다. 앞서 언급한 다양한 공공보건의료 강화를 위한 노력이 있었음에도 여전히 1) 공공의료기관의 양적 부족과 지역 간 의료 공급, 건강 격차가 심화되고 있었고, 2) 인력과 기관 등을 포함한 공공보건의료 자원의 역량 부족이 지속적으로 지적되어 왔다. 또한 3) 공공보건의료 협력·지원 등을 위한 제도적 기반이 미흡하다는 문제가 해결되지 못하였다. 이에 보건복지부는 확장된 공공보건의료 개

* 보건복지부, 『제2차 공공보건의료 기본계획(2021~2025)』, 오송: 보건복지부, 2021.

념에 따라 중장기 종합 계획이 작동할 수 있도록, 특히 코로나19 이전의 공공보건의료의 일상적 기능 회복과 강화, 코로나19 이후의 또 다른 공중보건 위기에 대비할 수 있도록 전반적인 체계 확충을 목표로 기본계획을 수립하였다고 밝히고 있다.

제2차 공공보건의료 기본계획은 〈규모·양〉 측면에서 필수의료 제공 체계의 확충을, 〈역량·질〉 측면에서는 공공보건의료 역량 강화를, 〈협력·지원〉 측면에서는 공공보건의료 제도 기반 강화를 핵심 과제로 삼고 있다. 먼저 필수의료 제공 체계 확충을 달성하기 위하여 공공보건의료 수행기관 확충 및 역할 정립, 지역 완결적 필수 중증의료 보장, 건강 취약 계층 및 수요 증가 분야 지원, 공중보건위기 대응체계 구축 및 역량 강화를 추진과제로 설정하였다. 공공보건의료 역량 강화를 위한 추진 과제로는 공공보건의료 인력 양성 및 지원, 공공의료기관 운영 개선 및 역량 강화, 국립중앙의료원 및 국립대학병원의 공적 역할 확대, 첨단 정보통신기술 활용 강화를 들고 있다. 마지막으로 공공보건의료 제도 기반 강화를 위하여 협력 및 지원 기반 확대, 재원 및 유인 체계 강화, 평가체계 정비를 추진 과제로 설정하고 있다.

〈그림 3〉 제2차 공공보건의료 기본계획(2021~2025) 추진 체계도

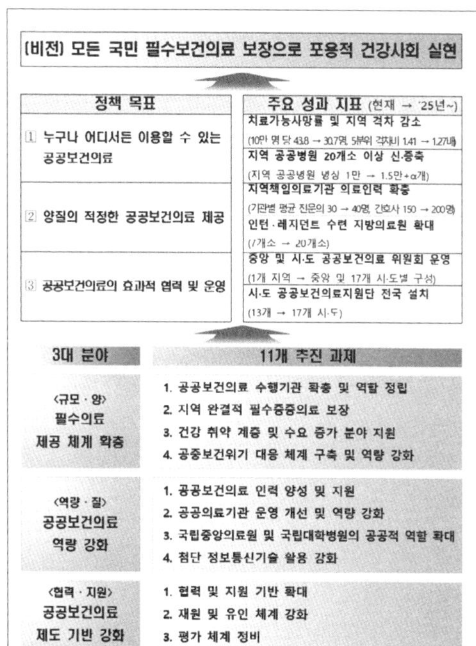

출처: 보건복지부(2021: 6)

하지만 제2차 공공보건의료 기본계획은 많은 비난을 면치 못했다. 2차 공공보건의료 기본계획(안)에 대한 공청회에서는 "공공의료 패러다임을 바꾸자는 논의는 최근 3년간 진행되어 왔는데, 그간 진행된 깊이에 비해 후퇴했다는 인상을 지울 수 없다." "구체성이 떨어지고 지금 당장 필요한 계획들이 충분히 담겼다

고 보기는 어렵다." "목표 및 성과가 명확하지 않다." 등 전문가들의 뭇매를 맞기도 하였다.* 보건의료정책심의위원회에서 제2차 공공보건의료 기본계획을 심의하던 날에는 "공공병원 확충 의지 없는 공공의료 기본계획안, 전면 폐기하라."는 강한 비판도 있었던 것이 사실이다.**

그럼에도 불구하고 제2차 공공보건의료 기본계획은 발표되었고, 이 기본계획은 향후 5년간 국가의 공공의료 발전 방향으로서 작용하게 될 것이다. 여러 전문가와 시민단체가 지적한 바와 같이 '제2차 공공보건의료 기본계획'은 공공의료 강화를 위해 충분히 만족스러운 계획이 아님은 틀림없지만, 여기에 살을 입히고, 정교하게 다듬는 것이 여전히 과제로 남아 있으므로 공공의료에 대한 희망의 불씨를 꺼 버려서는 안 될 것이다.

이 장에서는 국가적 차원에서의 공공의료 발전방향을 살펴보았다. 이러한 움직임 속에서 보훈의료가 나아가야 할 방향은 무엇일까? 공공의료의 움직임 안에서 보훈병원의 위치와 역할을

---

* 《한의신문》, 2021. "政, 2차 공공보건의료 기본계획 공개…전문가들 "글쎄""(https://www.akomnews.com/bbs/board.php?bo_table=news&wr_id=44261)

** 참여연대, 2021, "[기자회견] 공공병원 확충 의지 없는 '제2차 공공보건의료 기본계획' 전면 폐기하라." (https://www.peoplepower21.org/Welfare/1796604)

중심으로 살펴보도록 하자.

3. 보훈의료의 특성

먼저 '보훈'이라는 것은 무엇일까? 얼마 전 발표된 국가보훈처의 조사에 따르면 보훈은 '긍정적(76.7%)'이고 '필요한 것(83.5%)'이지만 '가깝지도(38.0%)', '멀지도(21.4%)' 않다는 이미지를 가지고 있었다. 우리 실생활에는 '가깝지도, 멀지도 않은' 보훈이지만 '국가와 사회를 위한 희생과 헌신을 기억하고 감사하는 모든 활동'이라는 보훈의 정의에 국민의 80.5%가 공감하고 있었고, 국민의 76.7%가 보훈은 '정부가 해야 할 일'이라고 응답한 바 있다.* 보훈을 실천하는 방법은 다양하지만 보훈대상자를 위한 보건의료 서비스에 대한 국가 정책인 '보훈의료'를 살펴보도록 하자.

* 국가보훈처, 『'보훈의식'이 높으면 애국심과 국가 자긍심이 커진다.…약 80% 공감』 보도자료, 오송: 국가보훈처, 2021.6.

〈그림 4〉 보훈의 의미에 관한 국민 인식조사 결과(단위: %, n=2,000)

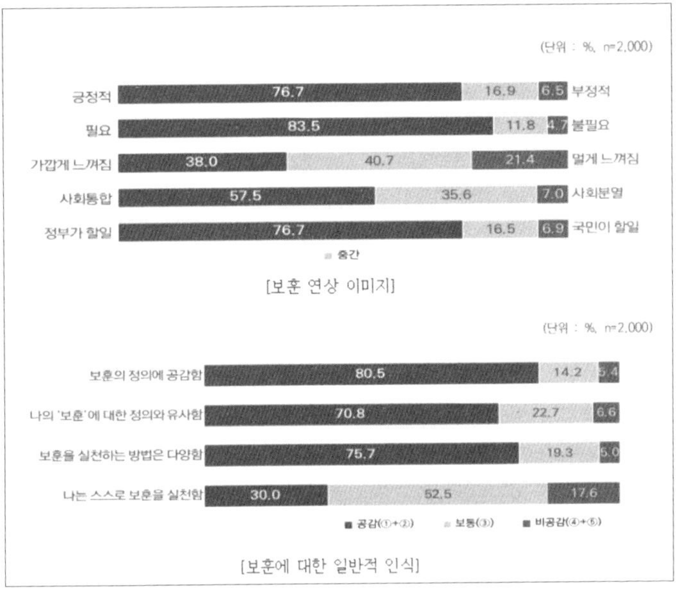

[보훈 연상 이미지]

[보훈에 대한 일반적 인식]

출처: 국가보훈처(2021:6)

1) 보훈의료와 보훈의료 전달체계

보훈의료는 보훈정책의 중요한 부분을 차지한다 할 수 있다. 보훈정책은 국가가 위기에 당면했을 때, 국가를 위해 희생한 사람들에게 그들의 희생과 공헌에 상응하는 보상이나 예우를 하는 행위이다. 그중에서도 보훈대상자들에게 양질의 의료 서비스를 제공하는 것이야말로 '국가를 위해 희생한 사람들을 끝까지 책임진다'는 보훈정책의 핵심 이념과 부합한다.* **

국가보훈발전기본계획(2018~2022)에서는 '언제 어디서나 든든한 보훈의료·복지'를 위한 주된 추진 과제로 1) 의료시설 확충 및 서비스 지원 확대, 2) 국가유공자 맞춤형 재활 확대, 3) 찾아가는 보훈복지 서비스 강화, 4) 보훈요양 서비스 지원 확대를 제시하고 있다. 국가유공자의 고령화로 인해 의료·복지 수요가 증가하고 있고, 요양지원이 필요한 고령 보훈가족이 지속적으로 늘고 있어, 의료·요양시설 확충 및 찾아가는 보훈복지 서비스 강화 등이 추진되고 있다.***

구체적으로 보훈의료는 보훈병원과 '위탁병원'이 중심이 되어 그 전달체계를 이루고 있다. 보훈병원은 중앙보훈병원과 2018년 개원한 인천보훈병원을 포함한 5개의 지방보훈병원, 469개(2021년 10월 12일 기준)의 위탁병원이 운영되고 있다. 위탁병원은

---

* 한국보건사회연구원, 『보훈의료 체계 유지 필요성 및 발전방향』, 세종: 한국보건사회연구원, 2012.

** 서울대학교, 『보훈의료의 질 향상을 위한 평가체계 개선방안』, 서울: 서울대학교, 2016.

*** 국가보훈처, 『국가보훈발전기본계획(2018~2022)』, 오송: 국가보훈처, 2018.

보훈의료 체계의 특징이라 할 수 있는데, 다섯 개의 지방 보훈병원만으로는 전국의 보훈의료대상자에게 적절한 의료 서비스를 제공하기 어려워, 접근성 등을 고려하여 지역별로 일반병원을 위탁병원으로 지정하여 운영해 오고 있다.

보훈의료 전달체계에서는 1차 위탁병원, 2차 지방보훈병원, 3차 중앙보훈병원으로 각 전달체계 내에서 각 기관의 역할을 규정하고 있다. 1차 위탁병원에서는 경미한 질환에 대한 간단한 처치나 약 처방 등의 기초적인 진료를 제공하며, 2차 지방보훈병원에서는 급성기 중증 질환에 대한 검사, 수술을 실시하며 권역별 거점병원의 역할을 수행한다. 3차 진료를 담당하는 중앙보훈병원은 고난이도 중증질환, 전문진료센터를 운영하며 급성-재활-요양 융합형 진료체계를 구축하고 있다.*

보훈의료 전달체계에 관해서는 여러 제한점이 지적되고 있다. 먼저 보훈병원의 진료 역량에 관하여 중앙보훈병원을 포함하여 모든 보훈병원들이 2차 진료기관 성격의 종합병원이라는 점이다. 3차 상급종합병원이 부재하다 보니 모든 보훈병원이 1차와 2

---

* 보훈교육연구원, 『디지털헬스와 보훈의료전달체계』, 수원: 보훈교육연구원, 2019.

〈그림 5〉 보훈의료 전달체계

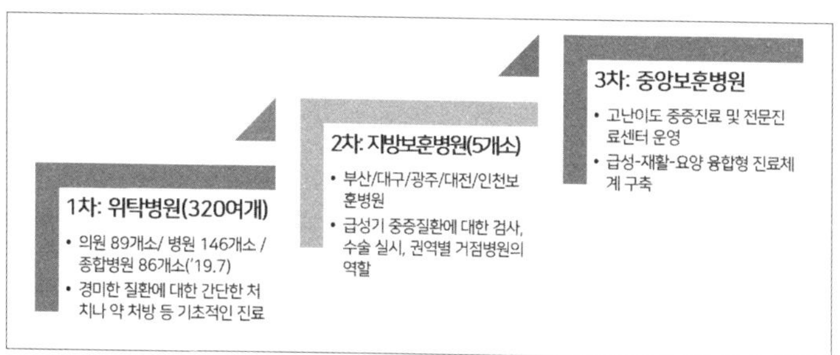

출처: 보훈교육연구원(2019) 저자 재가공(위탁병원은 2021.10.12. 기준 469개소로 확대되었다)

차, 3차 병원의 역할을 조금씩 나누어 수행하고 있어 비효율성이 크다는 점이다. 이에 대해서는 최근 중앙보훈병원장으로 취임한 유근영 병원장이 한 인터뷰에서 국가유공자에게 최상의 의료서비스를 제공하는 것이 보훈병원의 핵심 가치라 말하며 중앙보훈병원이 상급종합병원 지정에 다시 도전하겠다는 뜻을 밝히기도 하였다.* 두 번째는 현재 지정·운영되고 있는 위탁병원 중에 일상적인 건강관리를 담당할 수 있는 의원급이 28%로 매우 낮은 수준으로 의료 전달체계에 있어 1차 의료를 담당하기에는 위탁

* 《의협신문》, 2021.7.5. (유근영 중앙보훈병원장) "상급종합병원 지정 다시 도전" https://www.doctorsnews.co.kr/news/articleView.html?idxno=140144

병원의 구조가 적합하지 않다는 지적이다. 마지막으로 6개의 보훈병원과 위탁병원의 협업 체계가 미흡하다는 지적이 존재하고 있다. 아무래도 서비스의 내용 측면보다는 이용자의 지리적 접근성을 확보하고자 지정된 위탁병원들로서 그 역할과 기능이 전달체계 내에서 유기적으로 작동하고 있지는 못한 것이다.*

2) 보훈의료의 공공성

보훈의료는 그 시초부터 '공공성'을 가지고 출발했다 볼 수 있다. 보훈의료가 그 대상으로 하는 국가유공자는 '국가를 위해 희생한 사람들'로서 국가가 응당 제공해야 하는 '언제 어디서나 든든한' 서비스를 제공받아야 한다는 점에서 공공성을 가지고 있다할 수 있다. 뿐만 아니라 신체적, 정신적, 사회적 건강 측면에서 취약할 수밖에 없는 국가유공자와 그 가족에게 적절한 의료 서비스를 제공해줌으로써 의료의 공공성을 실현하고 있다할 수 있다.

특히 보훈병원의 공공성은 이번 코로나19 사태를 경험하며 더

---

* 보훈교육연구원, 『디지털헬스와 보훈의료전달체계』, 수원: 보훈교육연구원, 2019.

두드러졌다. 중앙보훈병원은 2020년 12월 수도권을 중심으로 코로나19 확진자가 급격하게 증가하던 때에 확진자 진료를 위하여 격리병동을 120병상 확보하여 감염환자를 적극 수용하기도 하였고, 전국 보훈병원 중 일부도 코로나19 감염병 전담병원으로 지정되어 운영된 바 있다. 뿐만 아니라 코로나19 생활치료 센터 운영을 담당하는 등 지역 내 코로나19 진료 자원이 부족할 때 적극적으로 팔을 걷어붙이기도 하였다. 어찌 보훈의료가 공공의료가 아닐 수 있겠는가. 다음 절에서 구체적으로 '공공기관으로서'의 보훈병원의 역할을 살펴보도록 하겠다.

4. 공공의료 안의 보훈의료

1) 공공의료기관으로서의 보훈병원

앞서 살펴본 제2차 공공보건의료 기본계획(2021~2015)에서는 필수의료 보장을 위하여 공공보건의료 기관별 역할 정립을 주요 과제 중에 하나로 제시하고 있고, 여기서 보훈병원이 포함된 특수 공공병원에 대한 대책을 발견할 수 있다. 군, 산재, 보훈, 원자력, 법무, 경찰, 교통재활 병원 등 특수 공공병원의 경우 환자 중증도나 기관의 특성을 고려하여 기능 정립을 해야 하며, 평소에는 필수의료를 제공하고, 공중보건 위기 시에 감염병 전문병원과 협력하여 감염병 등에 공동 대응할 수 있는 체계가 작동해야 한다는 내용이 담겨 있다. 특히 보훈병원의 경우, 고령이거나 지방에 거주하는 국가유공자 등을 위한 재활 및 요양 인프라를 구축하도록 하고 있다.*

〈표 4〉 필수의료 보장을 위한 공공보건의료 기관별 역할 정립

제공 기관		역할 및 기능	
국립병원	국립중앙의료원, 국립암센터, 국립정신건강센터 등	필수의료 중앙센터, 정책 지원, 교육·연구, 임상·진료 등	
		평시	감염병 위기 시
국립대학병원	권역 책임의료기관	중증환자 진료(최고난도)	권역감염병전문병원 협력, 중환자 진료
지역 공공병원	지역 책임의료기관	중증응급환자(고난도)	중등도~중환자 진료
특수 공공병원	군, 산재, 보훈, 원자력, 법무, 경찰, 교통재활 병원 등	확장된 특수 공공의료	특수 환자 감염 보호, 감염병 대응 참여 등
보건소	지역사회 건강관리기관	건강관리 중점	관할 내 감염병 총괄 대응

출처: 보건복지부(2021: 6)

* 보건복지부, 『제2차 공공보건의료 기본계획(2021~2025)』, 오송: 보건복지부, 2021.

독자적으로 보훈의료 체계를 구축하고 있는 보훈의료 역시 앞서 제시된 것처럼 국가의 공공의료기관 중 한 곳이다. 공공의료기관은 중앙정부의 공공보건의료 기본계획에 따라 연차별로 공공보건의료 실행 계획을 수립하게 되며, 이때 보훈병원도 예외는 아니다. 이는 공공보건의료에 관한 법률에 명시되어 있고 해당 법에 근거하여 보훈병원에서도 공공보건의료를 수행할 수 있는 다양한 계획을 수립하고 있다.

공공보건의료에 관한 법률에 따른 '공공보건의료기관'은 국가나 지방자치단체 또는 대통령령이 정하는 공공단체가 공공보건의료의 제공을 주요한 목적으로 하여 설립·운영하는 기관이며, 해당 기관들은 공공보건의료 기본계획의 시행을 위한 공공보건의료 계획을 매년 수립하고, 이를 전년도 시행 결과와 함께 보건복지부장관에게 보고해야 하는 의무를 지고 있다. 공공보건의료계획은 공공보건의료기관이 국민에게 요구되는 양질의 공공보건의료를 효과적으로 제공하여 국민보건 향상에 기여할 수 있도록 세부 계획을 수립함을 목적으로 하는 것이다(보건복지부, 2019).* 공

* 보건복지부, 『2020년 공공보건의료기관 공공보건의료계획 수립 안내』, 오송: 보건복지부, 2019.

공보건의료 계획 수립 대상기관은 2019년 12월 기준 총 222개소로 다음과 같이 기능 및 관할 지역 범위에 따라 분류할 수 있다.

〈그림 6〉 기능 및 관할지역 범위에 따른 기관 분류

(2019.12월말 기준, 222개소)

기능구분	광역이상			단일 혹은 복수 기초자치단체		
일반진료 중심 (63)	국립중앙의료원(1) 국립대학병원(10) 국립대학병원분원(5) 건보공단일산병원(1)	A	17	지방의료원(34) 지방의료원분원(2) 적십자병원(6) 시립일반병·의원(4)	B	46
특수대상 중심 (37)	경찰병원(1) 근로복지공단병원(10) 보훈병원(6)	C		군병원(20)		37
특수질환 중심 (40)	국립결핵병원(2) 국립정신병원(5) 국립법무병원(1) 국립재활원(1) 국립교통재활병원(1) 도립재활병원(4) 국립암센터(1) 국립소록도병원(1) 국립대치대병원(6) 원자력병원(2) 국립대학·시립한방병원(2) 국립대학 전문센터(1)	D	27	시립장애인치과병원(1) 시립서북병원(1) 시립어린이병원(1) 시도립정신병원(10)		13
노인병원 (82)	시도립노인병원(37)	E	37	시군구립노인병원(45)		45

출처: 보건복지부(2020)

6개의 보훈병원은 특수 대상을 중심으로 공공의료를 제공하는 기관으로 분류되고 있으며, 한국보훈복지의료공단에서는 홈페이지를 통하여 당해의 공공보건의료 계획 및 전년도의 공공보건의료 시행 결과를 공개하고 있다. 2020년에는 전문교육을 통한 공공보건의료 수행체계를 강화하고 특수공공의료대상자를 위한 진료 지원을 강화함으로서 공공성을 강화하겠다는 계획을 가지고 있으며, 의료취약계층을 위한 찾아가는 의료 서비스 등이 계획되어 있었다. 또한 미충족 서비스를 제공하기 위한 방안으로 만성질환자 스마트헬스케어서비스를 구축하고, 간호간병 통합 서비스를 통하여 국민의 간병비 부담을 경감시키겠다는 계획을 포함하고 있다.*

〈표 5〉 보훈병원 공공보건의료 계획 시행 결과(2019년) 및 계획(2020년)

구분		주요사업
2019년 시행결과	공공성 강화	· 바이오뱅크를 통한 인체자원 수집 및 분석(중앙) · 공공보건의료 인력에 대한 교육·훈련 강화(대구)
	양질의 진료	· 신종 감염병 대응모의훈련 실시를 통한 위기대응 역량 강화(부산) · 병문안 출입통제 스크린도어 설치 및 관리체계 구축 강화(대전)
	건강안전망	· 방문인지작업치료 실시 등 찾아가는 치매예방서비스 활성화(중앙) · 치매예방을 위한 뇌활력 프로그램 실시(광주)
	미충족 서비스	· 의·한 협진 3단계 시범사업 참여기관 선정 및 시행(부산) · 국가유공자 및 장애인을 위한 맞춤형 재활서비스 제공(대구)
2020년 계획	공공성 강화	· 전문교육을 통한 공공보건의료 수행체계 강화(중앙) · 특수공공의료대상자 진료지원 강화(부산)
	양질의 진료	· 인증획득과 평가 관리 강화를 통한 의료 신뢰도 제고(중앙) · 감염예방 및 관리 강화를 통한 안전한 병원환경 조성(대구)
	건강안전망	· 다온뱅크 연계 대상자 의료비 지원 및 영문 리플릿 제작(부산) · 의료취약계층을 위한 찾아가는 의료서비스(대구)
	미충족 서비스	· 인공지능 활용 만성질환자 스마트헬스케어서비스 구축(대전) · 간호간병통합서비스를 통한 국민 간병비 부담 경감 추진(광주)

출처: 한국보훈복지의료공단(2021)

* 한국보훈복지의료공단, '홈페이지 내 사전정보공개목록', 원주: 한국보훈복지공단, 2021.

2) 앞으로의 보훈의 공공성

보훈의료가 그 기능을 강화하고, 나아가 공공의료 강화라는 측면에서 역할을 하기 위해서는 가장 먼저 보훈대상자에게 질 높은, 접근성 높은 의료를 제공하기 위해 보훈의료 전달체계 내에서 보훈병원의 기능과 역할을 재정립하고, 의료의 질을 향상시킬 수 있는 방법을 모색해야 할 것이다. 실제 보훈대상자가 지난 1년간 주로 이용하는 의료기관 1순위는 일반 병·의원이 60.7%로 가장 높았으며, 그다음으로 보훈병원이 21.7%, 위탁병원이 14.9% 순이었다. 지난 1년간 주로 이용한 의료기관을 선택하게 된 이유에 대해서는 보훈대상자가 보훈병원을 이용하는 가장 큰 이유는 저렴한 의료비(80.6%)였으며, 위탁병원의 경우에도 저렴한 의료비(64.7%)가 위탁병원을 이용하는 가장 큰 이유로 분석되었다. 반면 일반 병·의원을 이용하는 가장 큰 이유로는 교통편의성을 꼽았다.* 해당 조사의 결과를 요약하면, 보훈대상자가 의료 이용을 할 때 의료비 부담과 교통편의성이 가장 크게

---

* 국가보훈처 · 한국보건사회연구원, 『2018년 국가보훈대상자 생활실태조사』, 오송: 국가보훈처, 2018.

작용하고 있었고, 현재의 보훈병원과 위탁병원의 한계점이 드러난다.

〈표 6〉 지난 1년간 주로 이용한 의료기관*의료기관 선택 사유(단위: %)

구분 (n=14,005)	친절한 서비스	저렴한 의료비	높은 의료진 수준	교통편 이성 (접근성 등)	짧은 진료대기 및 입원 대기시간	깨끗한 의료 시설	최신 의료 장비	기타	합계
보훈병원	6.8	80.6	4.9	5.5	0.3	0.4	1.0	0.5	100.0
위탁병원	3.5	64.7	6.0	23.4	1.6	0.3	0.4	0.1	100.0
일반병의원 (국공립병원 포함)	4.7	6.0	21.9	62.3	2.1	0.6	1.4	1.1	100.0
보훈요양병원	8.4	23.8	42.6	19.3	-	6.0	-	-	100.0
일반요양병원 (국공립요양 병원 포함)	10.1	29.5	5.6	29.2	6.8	15.8	1.2	1.8	100.0
보건소	1.3	49.9	-	46.9	0.6	0.5	-	0.8	100.0
합계	5.0	31.7	15.5	43.4	1.7	0.7	1.1	0.8	100.0

출처: 국가보훈처·한국보건사회연구원(2018)

둘째, 보훈병원 자체의 의료 수준을 높여 보훈대상자들에게 적절한 의료 서비스를 제공하고, 보훈의료 전달체계를 확립함과 동시에 나아가 일반 주민이 이용할 수 있는 공공의료기관으로도 역할을 할 수 있는 방안을 모색하는 것이 필요하다. 보훈대상자의 평균 연령은 지속적으로 높아지고 있으며, 향후 보훈대상자의 수 또한 줄어들 것으로 전망된다. 반면 중앙보훈병원 인근 지역의 인구는 크게 늘고 있어 지역주민을 위한 진료 시스템을 갖추는 것도 필요한 시점이다.*

셋째, 주치의 제도를 통한 만성질환 관리나 합병증 예방 교육 등을 통한 적정 진료를 유도하거나, 방문간호나 지역사회 연계 등을 통한 탈시설화와 재가복지 서비스 강화와 같은 커뮤니티 케어의 한 모델의 적용 등**의 다양한 시도들을 통하여 보훈병원에서의 시도들이 하나의 '선도 모형'이 될 수 있도록 하는 것이 필요하다. 이 밖에도 보훈병원은 공공의료기관의 선도 모델로서, 보훈의료 전달체계가 공공의료의 모델로서 작동할 수 있도록 하는 다양한 노력과 시도가 필요하다.

---

* 《경향신문》, 2021.8.27. (유근영 중앙보훈병원장) "진료 수준 더 높여 상급종합병원 지정 재도전"(https://m.khan.co.kr/national/health-welfare/article/202108272210002#c2b)

** 주영수, 〈특수목적 공공병원(기관)의 이해 강의자료 중〉(보훈복지의료공단. 2019.8. 「보훈병원 분원 설립을 통한 보훈의료전달체계 재정립」에서 인용), 2021.

5. 나오는 글: 보훈의료에서 공공의료로

'전 국민 코로나19 경험·인식 조사' 결과, 코로나19 사태를 겪으면서 의료인과 의료 공공성에 대한 국민의 인식이 전반적으로 긍정적인 방향으로 향상되었다는 점을 강조하고 있다. 구체적으로 의료인에 대한 인식은 코로나19 이전과 비교하여 긍정적인 변화가 79.4%로 그중에서도 매우 긍정적인 변화가 25.1%로 상당히 개선되었다. 또한 의료 서비스가 공적 자원이라는 생각에 동의하는 비율은 코로나19 이전에는 22.2%에 불과하였으나, 코로나19 발생 후 67.4%로 큰 증가폭을 보이고 있었다(국립중앙의료원, 2021).*

2020년부터 2년째 계속되고 있는 코로나19의 확산은 우리나라 보건의료 체계에 변화를 일으킬 것이다. 앞으로 다가올 신종 감염병 대응을 위해서라도 허술한 보건의료 전달체계를 재정비하고, 공공의료 강화를 위한 공공보건의료기관의 역할 정립과 민간의료기관의 공공성 확보 등을 고민해 볼 수 있는 전환점이

* 국립중앙의료원, 『코로나19로 '의료는 공공자원' 인식 확산』(보도자료), 서울: 국립중앙의료원, 2021.

될 수 있을 것이라 기대한다.

2021년 3월, 한국보훈복지의료공단 이사장으로 취임한 감신 이사장은 "코로나19라는 힘든 상황을 극복하고 공단이 공공의료·복지를 선도하는 최고의 파트너로서 보훈가족의 건강과 행복한 삶을 이룩하는 데 최선을 다하겠다."*고 취임 소감을 밝혔다. 또한 한국보훈복지의료공단의 2021년 가장 중요한 사업계획은 고령인 국가유공자들의 진료 편의를 높이는 것과 의료·복지 인프라 확대와 통합의료·요양정보 시스템 구축이라 밝혔다.

보훈의료는 공공의료라는 큰 범위에 속하는 특수한 하나의 분야라고 볼 수도 있지만, 현 보훈의료의 고민 지점들과 다양한 시도들은 국가 공공의료와 맞닿아있다고 볼 수 있다. 결국 보훈의료의 공공성이 거꾸로 우리나라 공공의료의 선도 모델로서 작동할 수 있는 계기가 될 수 있는 것이다. 보훈의료 고유의 공공성과 전달체계가 보훈을 넘어 공공병원의 선도 모델로서 작동할 수 있는 계기가 되길 기대해 본다.

---

* 《헬스경향》, 2021.3.24. "공공의료 · 복지 선도 파트너로 최선 다할 것" (http://www.k-health.com/news/articleView.html?idxno=52970)

참고문헌

□ 보훈대상자의 『건강권』 실현을 위한 건강증진 프로그램의 필요성_ 박명배

국가법령정보센터, 2021.(https://www.law.go.kr/)

국가보훈처, 2018, 『2018년 국가보훈대상자 생활실태조사』, 서울: 국가보훈처.

김진현 외, 2021, 「보훈의료 대상자별 의료이용 특성을 반영한 의료비 산정체계 개발」, 『Journal of the Korean Data Analysis Society』23, 한국자료분석학회.

대한민국 정책브리핑, 2020.12. 3의 보도자료(https://www.korea.kr/news/pressReleaseView.do?newsId=156424902)

질병관리청, 2021, 『2021년 고혈압당뇨병 등록관리사업 표준실무지침』, 오송: 질병관리청.

통계청(KOSIS), 2021, 국가보훈대상자 연령.

Department of Veterans Affairs, 2021, 『FY 2022 PRESIDENT'S BUDGET REQUEST』, Washington, DC, US: Department of Veterans Affairs.(https://www.va.gov/budget/docs/summary/fy2022VAsBudgetRolloutBriefing.pdf)

Department of Veterans Affairs . 2006, 『Integrating Tobacco Cessation Treatment into Mental Health Care: A Preceptor Training Program to Improve Delivery of Tobacco Cessation Treatment for Veterans with Mental Disorders』. Washington, DC, US: Department of Veterans Affairs (https://www.publichealth.va.gov/docs/smoking/smoking_mentalhealth.pdf#:~:text=Fortunately%2C%20there%20are%20

effective%20pharmacological%20and%20counseling%20treatments,want%20to%20quit%20and%20are%20receptive%20to%20treatment)
Economic and Social Council of UN. 2003, COMMISSION ON HUMAN RIGHTS, Fifty-ninth Session, Item 10 of the provisional agenda. E/CN.4/2003/58
Park, M. B., & Nam, E. W. 2019, National Level Social Determinants of Health and Outcomes: Longitudinal Analysis of 27 Industrialized Countries. SAGE Open, 9(2), 2158244019854496.
World Health Organization. 2020, "Media centre: Tobacco: Key fact". Geneva: World Health Organization (http://www.who.int/mediacentre/factsheets/fs339/en/.)
https://mobile.va.gov/app/va-video-connect
https://www.myhealth.va.gov/mhv-portal-web/mobile-apps
https://www.va.gov/health/orgs.asp
https://www.va.gov/health/
https://www.veteranscrisisline.net/

□ 보훈대상자를 위한 보건-복지-의료 통합지원체계의 구축 / 신은규

김미숙, 『국가유공자 및 제대군인 생활실태 및 복지욕구조사』, 한국보건사회연구원, 2005.
김용환, 이희선, 「보훈의료 서비스 전달체계의 효과성과 만족도에 관한 성과 평가 연구: 공급자 측면과 수요자 측면을 중심으로」, 『사회복지연구』, 47(3), 2016.
〈만성질환 현황과 이슈〉, 만성질환 Fact book, 질병관리본부, 2019.
신은숙, 「보훈대상자들의 보건의료 서비스 실태 및 발전방안에 관한 연구」, 『한국보훈논총』, 제17권 제3호, 2018.
이재원 외, 「지역사회복지체계와 통합 운영을 통한 고령유공자 재가돌봄서비

스 확충 방안」,『한국콘텐츠학회논문지』, 9(8), 2009. 08.
이재호,「선진8개국 만성질환관리현황과 그 교훈, 정책위원회 세미나」,『Korean J Fam Med』 Vol. 30, No. 3 Suppl 2009.
이영자,「보훈재가복지 서비스의 현황과 개선방안에 관한 연구」,『비판사회정책』 47권, 2015. 05.
정영호, 고숙자, 김은주,「효과적인 만성질환 관리방안 연구」(연구보고서), 한국보건사회연구원, 2013.
한국보훈복지의료공단, 2021.
보훈병원 진료실적. 2011-2020.

□ 보훈의료체계와 책임의료조직 / 서경화

구길환, 동재용, 이경화, 서영준, (2021),「보훈병원 통합의료복지 서비스가 의료이용과 의료비 절감에 미치는 효과 분석」,『병원경영학회지』, 26(2).
국가보훈처, 2021,『보훈연감 2020』, 세종: 국가보훈처.
국가보훈처, 2018,「국가보훈대상자생활실태조사」, 세종: 국가보훈처.
김계현, 서경화, 장지은, 2020,「미국 대체지불제도의 현황 및 시사점」, 서울: 의료정책연구소.
박운제, 2020,「보훈의료전달체계 정립을 위한 인천권역 위탁병원 의료이용 분석 연구」,『보건정보통계학회지』, 45(3).
보건복지부, 2020,「2018년 기준 의료 서비스 이용현황」, 세종: 보건복지부.
서경화, 이선희, 2014,「미국의 책임의료 조직(Accountable Care Organization) 운영현황 분석과 국내 의료정책에서 정책적 함의 평가」,『보건행정학회지』, 24(4).
서경화, 2020a,「디지털 헬스와 보훈병원의 미래」,『보훈연구』, 9(2).
서경화, 장지은, 강태경, 2020b,「미국 책임의료 조직(ACO)동향에 관한 연구」, 서울: 의료정책연구소.
서경화, 2020c,「보훈대상자를 위한 미국의 통합의료 프로그램」,『보건으로 읽는 보훈』, 수원: 보훈교육연구원.

신영석, 이진형, 김범준, 이재훈, 이영희, 2017, 4「차 산업혁명 시대에 조응하는 보건의료 체계 개편 방안」, 세종: 한국보건사회연구원.

신은숙, 2018,「보훈대상자들의 보건의료 서비스 실태 및 발전방안에 관한 연구」,『한국보훈논총』, 17(3).

정태영, 2020,「보훈대상자의 건강과 보장」,『보건으로 읽는 보훈』, 수원: 보훈교육연구원.

제378회 국회(임시회) 정무위원회, 2020,「2019년도 국정감사 결과보고서」.

통계청, 2020,『인구총조사』, 대전: 통계청.

Aman, Y, Davidson, L, Kleder, M, Lamphere, J, Summers, R, (2014), "Improving sustainability through a positive patient experience", Washington: National Family Planning and Reproductive Health Association.

Center for Medicare and Medicaid Services, (2019), "Shared savings program participation options", Baltimore: CMS.

Center for Medicare and Medicaid Services, (2021a), Accountable care organizations (ACOs): general information, https://innovation.cms.gov/innovation-models/aco(2021/10/01).

Center for Medicare and Medicaid Services, (2021b), Shared savings program: about the program, https://www.cms.gov/Medicare/Medicare-Fee-for-Service-Payment/sharedsavingsprogram/about(2021/10/05).

Center for Medicare and Medicaid Services, (2021c), "Affordable Care Act's shared savings program continues to improve quality of care while saving Medicare money during the COVID-19 pandemic", Baltimore: CMS.

LePointe, J, (2019), Understanding the fundamentals of Accountable care organizations, https://revcycleintelligence.com/features/understanding-the-fundamentals-of-accountable-care-organizations(2021/09/28).

MedPAC, (2020), Accountable care organization payment systems, payment basics.

Nemeth A, (2015), "How Veterans Affairs healthcare services are like accountable care organizations", https://www.the-hospitalist.org/hospitalist/article/122115/how-veterans-affairs-healthcare-services-are-accountable-care(2021/08/20).

Wikipedia, (2020), "Severity of illness", https://en.wikipedia.org/wiki/Severity_of_illness(2021/10/12).

World Health Organization, (2018), "Continuity of care and coordination of care: a practice brief to support implementation of the WHO Framework on integrated people-centered health services", Geneva; WHO.

□ 공공의료와 보훈의료 / 한진옥

《경향신문》, 2021.8.27, 유근영 중앙보훈병원장, "진료 수준 더 높여 상급종합병원 지정 재도전"

국가법령정보센터, 2021, 『공공보건의료에 관한 법률』, 세종: 국가법령정보센터.

국가보훈처, 2018, 『국가보훈발전기본계획(2018~2022)』, 오송: 국가보훈처.

국가보훈처, 2021.6, "'보훈의식'이 높으면 애국심과 국가 자긍심이 커진다… 약 80% 공감"(보도자료), 오송: 국가보훈처.

국가보훈처·한국보건사회연구원, 2018, 『2018년 국가보훈대상자 생활실태조사』, 오송: 국가보훈처.

국립중앙의료원, 2021, 『코로나19로 '의료는 공공자원' 인식 확산』(보도자료), 서울: 국립중앙의료원.

국민건강보험공단, 2019, 『2019 보건의료건강보험 주요통계』, 강원: 국민건강보험공단.

보건복지부, 2018, 『필수의료의 지역 격차 없는 포용국가 실현을 위한 공공보건의료 발전 종합대책』, 오송: 보건복지부.

보건복지부, 2019, 『2020년 공공보건의료기관 공공보건의료계획 수립 안내』, 오송: 보건복지부.

보건복지부, 2021, 『제2차 공공보건의료 기본계획(2021~2025)』, 오송: 보건복지부.

보훈교육연구원, 2019, 『디지털헬스와 보훈의료전달체계』, 수원: 보훈교육연구원.

서울대학교, 2016, 『보훈의료의 질 향상을 위한 평가체계 개선방안』, 서울: 서울대학교.

《의협신문》, 2021.7.5, 유근영 중앙보훈병원장, "상급종합병원 지정 다시 도전".

주영수, 2021, 특수목적 공공병원(기관)의 이해 강의자료 중(보훈복지의료공단. 2019.8. 「보훈병원 분원 설립을 통한 보훈의료전달체계 재정립」에서 인용).

참여연대, 2021, "[기자회견] 공공병원 확충 의지 없는 '제2차 공공보건의료 기본계획' 전면 폐기하라."

코로나19 의료공백 인권실태조사단, 2020, 『코로나19 의료공백 인권실태조사 보고서』, 서울: 코로나19 의료공백 인권실태조사단.

한국건강 증진개발원, 2021, 『2020년 한국건강 증진개발원 코로나19 대응 백서』, 서울: 한국건강증진개발원.

한국보건사회연구원, 2012, 『보훈의료 체계 유지 필요성 및 발전방향』. 세종: 한국보건사회연구원.

한국보훈복지의료공단, 2021, 〈홈페이지 내 사전정보공개목록〉, 원주: 한국보훈복지공단.

《한의신문》, 2021, "政, 2차 공공보건의료 기본계획 공개…전문가들 "글쎄""

《헬스경향》, 2021.3.24, "공공의료·복지 선도 파트너로 최선 다할 것"

보훈교육연구원 보훈문화총서11

보훈과 건강

등록 1994.7.1 제1-1071
1쇄 발행 2021년 12월 31일

기 획 보훈교육연구원
지은이 정태영 박명배 신은규 서경화 한진옥
펴낸이 박길수
편집장 소경희
편 집 조영준
관 리 위현정
디자인 이주향
펴낸곳 도서출판 모시는사람들
03147 서울시 종로구 삼일대로 457(경운동 수운회관) 1207호
전 화 02-735-7173, 02-737-7173 / 팩스 02-730-7173
홈페이지 http://www.mosinsaram.com/

인 쇄 (주)성광인쇄(031-942-4814)
배 본 문화유통북스(031-937-6100)

값은 뒤표지에 있습니다.
ISBN 979-11-6629-076-3 04300
세트 979-11-6629-011-4 04300

* 이 책의 내용은 필자의 개인적인 의견이고, 보훈교육연구원의 공식적인 입장과는 관련이 없습니다.